JN439982

한사코 꽃은 피고

한사코 꽃은 피고

초판 1쇄 인쇄 | 2022년 08월 31일
지은이 | 장정자
펴낸이 | 이재욱(필명:이승훈)
펴낸곳 | 해드림출판사
주 소 | 서울 영등포구 경인로82길 3-4(문래동1가 39)
센터플러스빌딩 1004호(07371)
전 화 | 02-2612-5552
팩 스 | 02-2688-5568
E-mail | jlee5059@hanmail.net

등록번호 제2013-000076
등록일자 2008년 9월 29일

ISBN 979-11-5634-514-5

장정자 두 번째 시집

한사코 꽃은 피고

장정자 지음

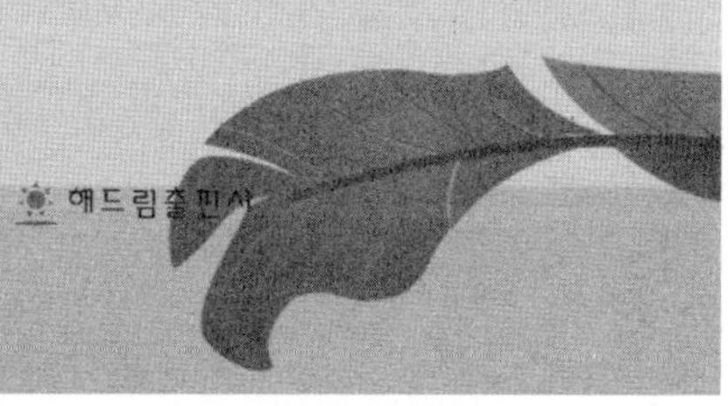

해드림출판사

시인의 말

인생엔 정답이 없다고 누군가는 말했다.

사는 모양은 각각 다를 수 있고 생각과 의견도 다름이 당연하다. 물 흐르듯 바람같이 사는 게 좋다고 하지만 선택의 기로에서 있을 때는 어찌할 바 몰라 꽃 같은 시간을 짐짓 그냥 흘려보내곤 했다.

때로 누군가를 의지하고 부여잡고 싶을 때 나는 고요히 시를 붙잡는다. 묵상의 시간이다.

나를 여기까지 오게 하신 하나님을 만나는 시간이다.

나의 나 됨이 내가 아니라 하나님이심을 절규하는 바울의 소리가 나의 내면에서도 울려 퍼진다.

얼마나 많이 넘어졌는지, 얼마나 많이 괴로워했는지 눈물이 지나가는 자리마다 하나님의 발자국도 같이 서렸다.

알알이 영근 눈물의 열매가 한 편의 시가 되고 모여서 발효되고 익어갔다.

여기 덜 익은 글을 한 권의 책에 담았다.

도와준 친지분들과 사랑하는 가족에게 감사하다.

더욱 하나님께 영광을 올려 드린다.

2022년 8월 미국 LA에서

차례

1부 비 온 후

2부 격리된 고독

3부 눈물도 말을 한다

4부 외롭고 연약한 당신에게

1부 비 온 후

5월 이야기

아! 5월의 그날은
푸르렀던가
눈부셨던가
두 주먹 파르르 쥐고
이 세상을 착지했던 날
그 손안에 무엇으로
충만했던가

감사와 행복과 기쁨과
어여쁨과 축복과 사랑
그 아름다운 낱말 대신에
눈물과 한숨이
폭포같이
흘러내리지 못하고
웅크린 채 갇혀서

삶의 긴 여정이
한사코
그 손바닥

펴질 새가 없어서

고요한
자아는 무엇에
그리 쫓기는지
괴롬과 슬픔의
깊은 늪에서
허우적이다가
그 누군가의 손에 이끌리어
여기까지 왔는가?

생각할수록
불가사의
또 다른 신비다

그래서, 그래서
나는
하나님을
덥석 움켜잡고
울 수밖에 없다!

외로워서 슬퍼서

기댈 데가 없어서

허둥대는

아!

5월의 슬프고 아름다운

사랑 이야기.

계절 앞에서

가을이 저 혼자 가려한다
뒤뜰 오롯한 곳에 심어놓은 대추가
돌보지도 않았는데 저 혼자
사줏빛으로 치장을 하였다
무심히 내버려 둔 것도 모르고
저 혼자 가을을 맞이하고 있었다

아직 나뭇잎은 떨어지지 않고
누런 색깔까지 덧입지 않았어도
가을 매무새가 이리 계절을 앞지르고 있는가
사람들은
주고받는 것이 있어야 하지만 내버려 두어도
나무는 아랑곳하지 않는다

그냥 보내야 하는가
잎을 떨구고 나목이 될 때까지
저 혼자 가려는 것을
계절 붙들고 조금만 머물러 달라고
애원하고 싶다

항상 이별은 침묵하고 있기에.

가을 냄새

오! 어느새 가을향기를 품고
익어가는 소리 흩날리고 있다
곁핍을 몸소 지탱하던
여름의 뙤약볕도
소리 없이 찾아온 가을향기가
슬며시 밀어내니
내 인생의 가을도 저리
슬그머니 돌아앉았는지

그러나 어쩌랴

떨어진 자존감 하나
몰래 감추고 싶어
지나간 상처 모두 쓸어 담고
가을향기에
날려 보내고 싶다
가을 냄새는 내 안의 간절한
목마름 하나 부여잡고
견디는 나의 숨 소리인가

홀로 가을 하늘 올려다
보는 그 어딘가에
고요히 울리는 설렘은.

가을 풍경

문득 보니 무화과나무에
열매 하나 열렸다
내가 좋아하는 무화과!
반가워 뛰어갔더니
글쎄
다람쥐가 잘 익은 부분만
다 파먹고
동그마니 조금만 남겨 뒀다
큰 나무에 겨우 하나
열린 무화과!
주인의 허락도 없이
냉큼 먹어비린 다람쥐가
얄밉긴 해도
그래도 조금 남긴 조각을
그냥 버리려다 말고
조금 먹어 봤더니
얼마나 달콤한지
다람쥐보다 한발 늦은
게으름으로
행복하나 송두리째

날려 보낸 것이

애잔하고 아쉽다

그러나

다람쥐도 그 순간은

기쁨을 누렸을 터

인생이란

누군가에게 틈을 주는 것도

고요한 행복을 취하는

것일지도 모른다는.

날씨가 예쁘다

바람결에 흐르는 구름이
저리 예쁜 것도
그간
잊고 살았다
솜사탕처럼
구름도 웃는다는 것을
모르고 살았다

가지 끝에 사르르 내려앉는
바람결을
언제 가슴으로
느껴 봤는지

아웅다웅 저 혼자
서러워서
바람이 전하는
향기랑
구름의 나부끼는
속삭임을
차마 모른 채

허우적 허우적
나만 억울해서
그 잔잔한 소리를
잊으려 했다

아!
부질없는 것들에
황망한 것들에
마음을 빼앗겨
구름아
바람아
고운 자연의 결들아
이제
내 앞섶을 여미고
잠깐이라도
뒤돌아서서
거울 앞의 나를 바라보듯
역겨움도 내려놓고
아픔도 내려놓고
못남도 내려놓고

그냥 청청하게
살리라

웃어 보리라
은혜를 입은 사람으로
당연한 그 길을
가야 하리라
될 성 부른
캐니언은
한사코
어리석은
나를 꾸짖고 있다.

이슬이 내는 소리

간간이 들려오는 외로운 소리
방금 막 움을 틔워낸 꽃망울에 눈길 머물고
아스라한 이슬
은빛 옥구슬 머금는 소리
들리는 듯 귀를 쫑긋 세우고
이슬 지나간 자리 외로울까
손사위 후후 바람으로 일렁이다

나의 자리는 더 짙은
동굴 속 바람 한 점 없는
켜켜이 쌓인 은둔의 무게
부풀려 세우면 땅덩이만큼 크고
감추면 미세한 먼지보다 작은
춤사위로 스며드는 바람 소리 쯤

꽃망울 움틀 때는
힘겹게 지나온 외로운 만큼씩 자라고
이슬이 지나가는 소리
움을 틔워낸 아픔으로나
눈물 흐르는 채 속으로 잠잠한
언제나 가슴으로 들려오는 외로운 소리.

번개 치던 날

엄마! 하늘에 빨간불이 켜졌어
엄마! 하늘에 파란불이 켜졌어
번개 치던 날
놀란 가슴 부여안고
다섯 살 아가
하늘에 불이 켜졌다고
아우성친다

그래,

네 눈엔
하늘에 불이 켜지는 거로
보이겠구나
세상이 하 캄캄하고
적막하니
하늘에 불이라도 켜져서
온갖 어둠으로 뒤엉킨
실타래가
하늘에 켜진 불이 비추어서
더러는 태워지고

때로는 재가되어 날아가고
그 자리에
환한 빛이 무지개처럼 퍼진다면

바람에 말 걸듯
가파른 산길 새 울음소리
귓가에 스미듯
황량한 가슴에
여울이 찾아들 듯
그냥 그렇게 길을 내어
하늘의 빛 바라보는 기다림이
잔잔한 옛 그리움으로 남아

눈물 한 줌 아가의
해맑은 미소가 되는

그날엔.

나른한 오후는 슬프다

고요한 적막이 주위를 두르고
눈 둘 곳을 찾아 여기저기
둘러보아도
일상의 나태만이
호젓이 머문다
천지에 나를 아는 이도 없고
내 이름을
기억하는 이도 없는 것 같은
슬픈 오후가 거기 있다
오롯이
앉아 있어도 서 있어도
갈 곳 잃은 새처럼
어디 시선 둘 데도 없어
어느새
나는 산사를 향해 가고 있다
고즈넉한 적막에 홀로 누워
눈에 머문
하늘에게
무슨 말이라도 외치고 싶은
일탈을

쏟아내고 있다
그러자 저 밑에 깔려있던
세포들이
일제히 눈물 되어 나를
에워싼다

나는 알고 있다고
네 이름을 알고 있다고
네 눈물, 네 아픔을
네 서러움을, 네 외로움을
켜켜이 쌓인 너의 시린 마음을
다 알고 있다고

어느덧
바보 같은 나는
오후의 민낯을 아무렇지
않은 듯
눈물 한 방울 질끈 떨어내고
다시
나의 일상을 찾아 헤맨다.

비 온 후

청량한 바람은
맑은 샘물같이
얼마나 맛있는지

은빛 구름 두둥실 떠있는 모습은
꼭 새색시 수줍은 꽃버선
같다

솜사탕 같은 구름
너울너울 손짓하므로
눈부신
하늘을 수 놓고 있다

춤사위를 보듯
고개 이리저리
하늘 우러러
먼지보다 작은 나를
추슬러 본다
오호라
자연은 저리도 오묘하거늘

세상사 무에 그리
애달파 할까
구름 흐르는 대로
바람 따라 달라지는
그 모습은
우리네 인생의 축소판
같은 것
괴로움도 아픔도 슬픔도
다
떠나갈 것이라고

비 온 후
구름이 내게 말을
전해 준다.
삶은 한 점 구름이라고.

비 오는 날엔

눈이 부신 햇살 쏟아질 때는
그리움이 허공을 둥둥 떠다닐 만큼
빗소리 듣고 싶어
울적했었다
지금
비 오는 소리
창문 두드리듯
가슴을 적신다
그리운 사람 더욱 생각나고
옛 기억들이
사무치게
나를 슬프게 한다
비가 음악처럼
흐르고 있는데
나는 서성이고 있다
곧
어디로 떠나야 할 것처럼
마음이 분주하다
그런데, 그런데
내 앞에는

무수한 허공뿐
아!
실체는 없고
빗소리만 나를
오르락내리락한다
내가 떠나야 할 곳은
그리움 부여잡고
빗길을 걸어가는 그림자 드리운
그곳이다
광화문에서 종로까지
빗물인지 눈물인지
울며 걸었던 그 길
차마 눈물 닦을 생각도 않은 채
그냥 흐르는 대로 걸었던 그 길
비 오는 그 길
아름다운 아픔이
지금은 설핏
아릿한 여운이 되었다.

그리움이 빗물 되어 흐르는.

어느 날 갑자기

인생의 붓으로
내 인생의 화폭에 그림을
담으면 어떨까
우선
군데군데 세월 덩어리를
데생해놓고
갖가지 붓을 덧입혀도 보고
한쪽엔 아마도
많은 세월 덩어리에
온통
회한과 눈물과 아픔과 고뇌 따위

어떤 여백도 남김없이
거의 다
채우고도 남겠지
그러다가 또
환희와 감사와 설렘과 기쁨도
감히
그려 넣을 자리가 있을는지는

그러고 나서
아주 작은 꿈 덩이리도
거기에 같이 담아놓으면
추상화 같은 내 인생의
한 폭 그림이
아직 미완성인 채로
덩그러니
이젤에 기대서있는
가엾은 그림 하나

울며 울며 어릴 적 울던
외로움까지

소망의 나래
한껏 펼치면서
꿈은 아직 유효하다고
발버둥 치는
여기
노년의 마지막 몸부림이라
자책하고 서 있는 나는.

숨어 울던 가을 소리

마음은 봄빛 파릇파릇
새싹 틔우는
그곳에 아직 머물러 있는데
속절없이
가을 인생은 어느덧 한치의
거스름 없이 이만치 와 있네
지나가는 그림자 같고
시드는 꽃과 같이
세월이
이리 무심히 잠깐인 줄
알았더라면
왜 그리 가파르게
살았을까
수시로 뙤박질해오는 벼랑에서 몸부림쳤을까
아등바등 울어울어 천년을
살 것처럼
그리 처절하게 고통스럽지 않아도
되었을 것을

잎새에 부는 바람 소리에도

귀 기울여 보고
처연히 흘러가는 구름도
올려다보면서

그래

이렇게 모든 게 흘러가는데
숨어 우는 바람 소리에도

함께 울어주는 여유 하나
간직하지 못하고
어느새 여기 이렇게 서 있다

인생의 가을 문턱에서
처절하게 살았던 모든 것이
그저 부끄러움뿐
밀려오는 후회는
아!
어찌하리
누구라도 붙들고 외치고 싶다

서로서로 너나 나나
인생의 가을에서 허물도
덮어주고 아픔도 나누고 같이 울고
같이 웃고
그렇게 그렇게
숨어 우는 바람 소리
봄 아래 새싹 틔우는 마음으로.

낮달

어쩌다 하늘을 올려다보니
휑한 공중에 낮달이 떠 있다
곧 이별을 고하려는 모습이 고즈넉하다
이제 태양에게 존재를 내어주고
어디론가 떠났다가 밤이 드리우면
고고한 자태로 다시 돌아오리라
그럴지라도
잠시 떠 있는 낮달에는
왜 이리 연민이 잦아들까
온몸으로 그리움 에이는
석별 때문일까
다시 해후를 약속함에도
이별은 슬프다
달무리 이고 지고 희미하게
가려는 그를 보노라니
허망하게 가는
인생이 거기 있음을 보는 나는
또 뭔가
낮이 있다가 밤이 오듯
내 삶도 두둥실 떠 있다.

나는 날마다

유채꽃 흐드러진 곳을
찾아간다
멀리서 바라본 곳은
바로 언젠가
제주도에 갔을 때
피어있던
바로 그 노란
유채꽃 무더기다
연습장에서 띄운
골프공들이
모두 노란색이라
한군데 모닥모닥
모여 있으니
멀리서 바라보노라면
바로 유채꽃 색으로
바닥을 이룬다.
나는
소나무 그늘에 앉아
제주도에 와있다는
착시현상에

저 홀로 행복에
겨워한다
제주도는 어느새
내 생각 속에 들어와
춤사위를 이루고.

늙는 것에 대하여

고즈넉이 늙고 싶다
세월의 나무람을
세월의 꾸지람을
모른 채 살아왔다
지금 여기저기 몸이
아프다고 아우성치는 이유도
다 이유가 있는 것이
저 세월의 꾸중을
무시했음이 아닐까
지금 여기까지 와보니
그나마 걷기도 하고 보기도 하고
웃기도 하고 이만큼 할 수 있는 것도
예삿일이 아니다
자고 일어나면 몸 어딘가는
아프다고 투정을 부려도
그럴 때면 어린애 달래듯
살살 어루만지며
같이 가자 어른다
누군가의 말처럼
늙어가는 길은

처음 가는 길이라 어느
산모퉁이 돌아가다
폭풍우를 만날지 모른다
그러나
이제껏 쌓아둔 산전수전
공중전을 치른 내공이 있으므로
무엇이 두려우랴
그냥 가자
고즈넉이 가자
비 오면 오는 대로
바람 불면 부는 대로
빗소리 바람 소리 친구삼아
이것 또한 살아있어
맞는 거다
그 모든 것을 감사히 여기니
세월이 저만치서
나를 보고 웃는다

고즈넉이.

추억으로 가는 여행

바람에 흐느끼듯
두레박 길어 올리는 아픔으로
세월이라는 기차에 몸을 실었다

건너온 기나긴 다리는
터널 속 깜깜한 외길이었다
되새김질하는 외로운 짐승처럼 몸부림으로

훠이훠이 혼자 걷다가
그래도
삶이라는 이름으로 오는 곤두박질을
멈추어 보려고

양손을 빈 허공에 뿌리다가
그것도 잡아주는 손 없어
빈 몸의 가녀린 실체로
박쥐같이
벽에 매달려
바르르 떨다가

올라갈 수도
내려갈 수도

추억으로 가는 여행은
그렇게 터널 속을 휘젓더니
그림자처럼 가버리고

어느 날 다가와 엎드리는
허망한 몸짓은.

과일나무는 새가 주인이다

어느 날
마켓에서 복숭아를 사다가
너무 맛이 있다고
남편이 뒤편에 심었더니
몇 년이 지나니
벌써
붉디붉은 복숭아가 탐스레 열렸다
오늘 그중에 제일 잘 익은
열매를 따서 봤더니
아뿔싸
맛있는 부분만 글쎄
새가 똬리를 틀 듯
동그라미를 틀어 놨다
주인이 먹기 전에
당연히 햇빛 잘든 부분에
바람도 적당히 머물고 간
그것을 점찍어 놨다가
돌아가며
먼저 훑고 간 것이다
새가 맛없어

남겨 놓은 것을
도려내고 먹는데
새보다 못한 것이
우리가 아닌가 하는
서글픔이
온전한 과일 하나도 못 먹는

물 주고 거름 주고 키워 놓으니
새가 주인 되어
맛있는 것 다 먹고 가고
남아있는 주인은
새가 버린 열매를 그나마 추스르는……
한사코 땀방울 키워 올린 열매를
새는 유유자적
내년에도 오겠지
주인 되어 보란 듯이.

내가 살아 있다는 것

하루의 일과 중에
나를 부르는 소리
내가 아직도
기억되고 있다는 소리
아침마다 안녕, 하고
나팔꽃처럼 손짓하는 소리
그 소리들은
잠자고 있는 내 영혼을
춤을 추게 한다

거절과 소외 속에서
아파 아우성칠 때 그 누가
내 손을 잡아 줬던가?
항상 그늘에 앉아
땅거미 질 때까지 하늘 한번
바라보고
먼 수평선 너머에
무엇이 있을까를 생각했던
잠재된 호기심은
저 심연 밑으로

욱여쌈으로

가두고

나의 나 됨은 내가 아니라

하나님의 은혜라는 걸

알고부터

겨우

숨을 쉴 때 쯤

문자 하나하나

나를

불러 세울 때

얼마나 고맙고 기쁘던지

다른 이에게도

똑같은 기쁨을 주고 싶어

부지런히

날랐더니

먹고 하릴없어 이런 걸

보낸다고

공해라고

고개 흔드는 걸 알고서

나는

내 마음의 문을 닫기로 했다

역시 공유하는 건

어려운가 보다

내 기쁨이 그들의 기쁨이

아닐 수 있다는 걸

내 우둔함이 못 알아차린게

민망하다

이제 나 혼자만으로

가쁨을 오롯이 붙잡기엔

정보의 바다가

그 많은 불가사의를

묻어 버리기엔

아깝고 또, 슬프다

그러나

받지 않으려는데

공해를 던질 수는

없잖은가

아!

오늘로
내 우둔함과
부족함을 조금이라도
덜어내려 함에는

절제와 양선으로
끝맺으려 함에는.

2부 격리된 고독

격리된 고독

누구라
이 사태를 피해 갈 수 있을까
원치 않게도
고독을 즐기라 한다

문득 뒤돌아보니
평범했던 일상들이
그리
행복이었음을
기적이었음을
축복이었음을

조금도
감사히 여기지 않았음을
돌아본다

봄을 맞이할 여유도 사라지고
꽃가지에 움을 틔우는
새움도
먹먹하고

도무지
가슴은
둥둥
서성이고 있다

지나간 일상은 그리움이다
아름답고 애틋하다
언제
회복 탄력성이라는
전문용어조차
잊힐 날이 오게 될는지
밤보다 더 캄캄한
이즈음
평범한 일상이 돌아온다면
더욱
소중한 축복임을
깨달아

탐심도 밀어내고
교만도 멀리하고

위선도 뿌리치고
오직
감사하나 붙들고

날마다
나의 주님께
올곧은 마음으로
눈물 어린 경배를 드리리.

열정과 냉정 사이

우리는 늘 파도가 춤을 추듯 열정과 냉정 사이를
넘나들고 있다
어떨 땐
열정으로 생을 관조하다가
느닷없이 다쳐오는
벽에 부딪힐 땐
소스라치듯 냉정 사이를 방황한다
그사이는 반드시
절제가 있어야 한다
그러나 인생은 간결하지가 않음에
고뇌가 그치지 않는 것을……

가끔 사랑이 있는 곳에
관심이 따라가기에
목회자의 열정과 냉정 사이를 생각해 본다
얼마나 외로울까도 생각해 본다
모두가 자기만 바라보라고
아우성치고 속으로는
배신을 준비하고
있으면서

늘 웃고 있다.

별별 사람들을
똑같은 사랑으로 대해야 하는 무력감은 무엇으로
메꿀 것인가?
생활에서 오는 무게감이
심신을 누를지라도
터놓고 말할 사람이 주위에 있을까?

절제와 열정을 버무려
오로지 나를 내어 줄 사람은
하나도 없다는
그 상실은?
그 공허는?

행복하다고
자랑질하다가
어느 때는
사랑이 없다고
아우성치는 게

바로 나인 것을

누구나 고난의 파도는
이런저런 형태로
출렁이고 있다.
그중에
외로운 사람은
꼭 나인 것 같지만

모두가 숙제 하나씩은
가지고
인생의 파도에
몸을 던져야 하는 것.

끝내는 내가 가야 할 본향인
하나님의
품으로 가는
길임에…….

괜찮아, 괜찮아

때로 마음을 추스를 수
없을 만큼 곤고할 때가 있다
직접 대놓고 지적을 안 해도
그 눈빛
일그러진 표정 하나
말투에 묻어있는
비릿한 배제를
당할 때
난
소스라치게 놀라곤 한다
그들의 비아냥대는 몸짓은
어디론가 숨어 버리고 싶을
만큼 외롭고 잠잠해 진다
하!
나는 왜 한숨만 쉬고
속으로 삭여야 하나
하!
나는 왜 안으로
속울음을 울어야 하나
독살같이

너는 왜 그렇게 말하는지
묻지 못하는 나는
바보에 가깝다
그런데, 그런데
어느 날 하나님은
나를 불러 세우더니
괜찮아, 괜찮아라고
내 등을 토닥인다
네가 이럴 때
죽으라고
잠잠하라고
나를 빚으셨단다
잠시 잊었던 내 자아가
비로소 고개를 들어
해맑은 하늘을 우러러보고
웃는다
무엇이 문제냐고!
괜찮아, 괜찮아!

그리움이 비에 젖어

얼마나 그리움이 눈물 되어
젖어야
비가 되어 내릴까
떨어지는 비 한 방울이
눈물처럼 애잔하다
번개 조각이 모여
빗소리를 만드는지도 모를 때쯤
가슴 설레는 교향곡
어딘가를 지나는 것 같이
추억도 걸어온다
광화문인가 종로 거리 어디쯤
빗속을 걸었을 때
내 등 뒤에 붙어있던
종이 한 장은
나른하고 웅크리는 내 인생을
젖게 했었다
얼마나 황망하고 어이없었던지
아직
세상을 다 알지 못했을
그즈음에

비로소 비와 눈물이
동격이라는 걸 알았다
슬픈 기억도
지나가면 추억이 되는 것도
그때 알았다

그러나 그런데도 나는
빗소리를 사랑한다
아픈 기쁨이라 해도 좋을 그런……

수없이 나를 향해 걸어와 준
조각 중에 유독
비 오는 날에 더듬어 찾아지는
슬픈 풍경조차도.

눈물로 눈물을 쓴다

내 몸속에
세포가 몇 개 있는지
나는 모른다
아마 우주만큼 많이 있지 않을까
기이하게도 나의 세포
마디마디에는 눈물주머니가
매달려있다
몸 아무 데나 쿡 눌러도
눈물이 아우성치며 흘러나온다

눈에서만 눈물이 나오지
않는다
깊은 숨을 몰아 쉴 때도
꺼억꺼억 울음이
비집고 나온다
눈으로 손이 스쳐갈 때는
어느 때라도
항상
눈물이 고여있다
사랑받지 못한 설움이

세포 마디마디
한으로
매달려 있어서다
왜 지난날을 떠올리느냐고
왜 그 울분을 기억하냐고
나무랄지 모른다
그게 내 삶이었는데
내가 살아 있는 한
모른 척할 수 있단 말인가
사랑받는 게 무언지도 모르고
오직
울며불며 평생을 살다가
여기까지 떠밀려 왔다
눈물과 함께였다
과거도 현재도 아닌
눈물의 역사서

울면서 웃는 걸 아는가
세월이 허망해서 울고
내 심장에

크고 놀라운 신이 계심으로

나는

웃을 수 있다
그렇지 않았다면
벌써 숨 막혀 죽었을 것이기에.

너를 보고 나는 울고

수십 년 전의 과거를 잊고 사는 건
그리고 교통하고 산다는 건
다 부질없는 일이다
현실만 있고
옛날은 고작 허공 중에 흘러간 신기루 같은 것
지금의 고즈넉한 것이 일상이 되어
못내 잊어버린 것에 대한 생채기로
과거와 조우해 본다
시도 때도 없이 흘러내리는 눈물이
스르르 가슴을
적시운다

두 살 된 손녀딸로
나를 돌아보게 하는 건
그 자체가 아픔이다
그녀의 눈짓 몸짓 입술을 움직이며 펼쳐가는 말들
볼 때면
그 앙증맞음이 너무나 귀여워
떼굴떼굴 안고 뒹군다
이렇게 이쁜데 두 살 된 해맑은 얼굴이

이렇게 고운데
오물오물 말하는 입술이 이렇게
찬란한데

나의 두 살은 어땠을까?
헤아려 본다
아!
천형을 앓아 얼굴은 온통 울퉁불퉁
먹지도 입지도 못해 꾀죄죄한 몸짓으로
누구 돌봐주는 사람 하나도 없는데
어찌 재롱을 피우며 말을 영롱하게 한들
기뻐 손뼉 쳐주는 사람 있었던가
지나가는 사람들, 흘려대는 조롱과
상처와 멸시로 고개 절레절레 흔들 때
어린 내가 겪어내기엔
단지 그림자 하나 드리우고 혼자 흙놀이하다가
혼자 잠들고 일어나 배고프면
흙을 양식 삼아 먹었을 그런 것으로
하루를 보냈을
내가 생각나서

몸으로 운다

그래도
지금이 있어 좋다
그런 것이 자양분이 되어
웬만한 고통쯤은 견뎌내게 하니까
더구나 어렸을 때 겪었던 아픔을
하나님이 낱낱이 기억해 두셨다가
지금 내게 마냥마냥 축복을 주시니 좋다
내가 떼쓰는 것 하나도 거절하지 않고
다 들어주시니 좋다
손녀딸을 보고 울다 웃는다.

기억이 걸어온다

여기까지 내 삶의 걸음은
기억의 궤도였다
슬프고 험난했던 고난의 기억이
있을라치면
들풀에 아롱진 이슬방울처럼
눈부신 기억들도
내 삶의 여정에 기웃거린다
그러나
아무리 생각해도
죽음보다 무거운 절망을
만난 건 그분의 섭리라는 기억
한 편이다
그 기억은 지금도 선명하다
나를 찾아와 준 그분은
내 눈에 있는 눈물 닦아 주시고
'예수를 믿으라' 하셨다
그 기억
지금도 그 기억 속에서
나는 살고 있다
기억이 나에게 걸어와

말을 한다
기쁘게 살고 있냐고

아직

마음에 숨어있는 쓰디쓴
기억이
슬픔 반 눈물 반이라고

햇살 드리운 기억을
찾아
아름다운 길을 가고 싶으나
켜켜이 쌓여있는
내 유년의 기억

그 너머에 있는 언덕을
힘겹게 올라가는 여정은.

나는 아프다

툭하면 터지는 건
봉선화꽃만은 아니다
나를 이루고 있는 내 안의
세포들은 아마
눈물범벅으로 원형질 삼아
툭 건드리기만 해도
내가 먼저라고
아우성치며 그 세포들은
일제히
눈물을 비같이
쏟아낼 것이다
항상 준비된
그 눈물은
나의 호흡 속에도 신음같이
도사리고 있다
어찌 상처 없이 글을 쓸 수 있으랴
퍼 올려도, 올려도
한없이 끝없이
올라오는 그것들을
샘물은 마를 때도 있지만

내 안에 있는 상처들은
고통의 발자국을 낳아
일렬로 줄을 선다
기억은 왜 그리
늙지도 않을까
잊고 싶은데
잊히지 않는 고문은
그 누구랴
나를 보듬을까
나도 내가 싫은데
그러나
천지에 한 분
그분은 나를 안고 피눈물을
흘리실 거라는
그, 한가지 답을
붙들고
겨우
숨을 쉰다

아프니까 숨죽이는…….

불행아, 울지 마

지나고 돌아보니
잠깐 불행도 행복도 왔지만
그리 오래지 않았다

사는 목적이 행복에 있다고
모두가 말하지만
행복이라는 것이 뭐 그리 오래가던가

슬픔이 심장을 무너뜨릴 듯
흔들어 댔어도 뭐 그리 오래가던가

모두가 잠시일 뿐
행복과 불행은 서로 다투어 탈바꿈하는
레일 같은 것
빛이 있을 때 그림자 따라붙는
우정 같은 것

불행이 저만치서 손짓해 올 때
또 다른
탈바꿈이 시작되는

결 같은 것

벼랑에 서 있는 참새 한 마리
사방을 돌아봐도 혼자라는 것에
그만
주저앉고 싶을지라도
창공을 향해 날갯짓하는 모습은
무엇을 말하는가,

지나온 날 전체를
아우르는
불행과 행복의 무게는
어쩌면 그렇게 비슷한지
기억의 창고에 불행을 모아들였는지
행복을 모아 두고 있는지
그 차이일 뿐

불행아, 울지 마
행복이 또 다른 이름으로
내 곁에 와 있는 것

울다 보면 웃을 일이 많은 것이
낱말로만 나누어지는
그것!

울지 마, 불행아!

내 인생에 말 걸기

뒤돌아보면 굽이굽이 장애물 투성이었다
"참! 잘했어요."
내 인생에게 칭찬하고 싶다
누구라고 살다 보면 장애물이 없을까
힘겹고 지칠 때가 없을까
울고, 울고
그만 인생을 놓아버리고 싶을 때가
왜 없을까
크고 작은 파도에 작은 몸 하나 이리저리
흔들거릴 때
마음대로 안 되는 것이 삶이란 것을
세월이 말해 주고 있다

이제 과거를 놓아주자
내가 원해서 이 세상에 태어나지 않았듯
장애물도 나의 나 됨을 만들기 위해
디딤돌 되어 일으키기 위해
앞에 놓였었다는 걸 깨닫기까지는
한참을 지난 뒤에 알아 버렸다

내 인생에 말 걸어보자
다독다독 나를 쓰다듬어
험한 눈빛, 조롱 섞인 몸짓을 일삼던
그들을 먼저 용서해 버리자
그리고
나를 용서하고
당당해 보자
심호흡 한번 크게 내 지르고
슬픈 과거를
강물 같은 세월에 띄워 버리자

이제 하나님의 신령한 가슴에
포근히 나를 맡길 때
나는 간 곳 없고
평안의 둘레가 온통 감싸는 것을 아는 날
내 인생에 말 걸어 보면
참! 잘했어요!
칭찬은 덤으로 따라오고
가슴은 왠지 모를
아릿한 슬픔 같은 이슬

한가득

강물 되어

감사의 자화상

만들어 갈 때쯤

빈 둥지 증후군

아이들이 어느새 커서
내 곁을 떠날 때
그때는
그가 쓰던 방이나 온갖 손길들이
빈 둥지 증후군으로 다가와
마음을 서성이게 한다

요즈음 나는
이름 모를 새의 빈 둥지를 보고
그때를 떠올리며
마음이 스산하다

어느 날 여러 마리의 새들이
우리 집 처마 위에
지푸라기들을 물어 나르고
그중 한 마리가
알을 품기 시작했다
거의 한 달을 어쩜 그리도
온갖 정성으로 품고 있는지
먹지도, 마시지도, 꼼짝도 하지 않고

오로지 아기를 향한 모성애가
저리도 큰지 인간인 나를
부끄럽게 했다
한 달이 지난 어느 날 보니
빈 둥지만 남겨 놓고
어미 새와 아기 새는
어디로 가버렸는지
덩그러니
빈 둥지만 남겨 놓고
훌쩍 떠나가 버렸다
어디로 갔는지

언젠가 제 고향을 한번은
찾아와 줄는지
오늘도 처마 끝을 올려다보며
이름 모를 새의 귀환을
손꼽아 기다려 본다

빈 둥지는 그대로 있는데
그리움을 알기나 할까?

두근두근 내 인생

지난날 내 인생 돌아보니
두근두근 하지 않을 때가
얼마나 될까?
그의 발걸음 소리만
들리면
가슴은 널을 뛰고
두근두근 심장이
쪼개지는걸
간신히 추스른다
매일매일 술에 취해
들어오는 고성방가가
문 앞에 들리면
곤히 자던 아기들까지
소스라쳐 울어 댄다
혹
술 취한 포악으로
우는 아기 뺨을
때릴 듯하여
내가 더 가슴을
움켜잡는다

한 번도 그냥 지나치지 않고
무슨 해코지를 할까
날마다 괴롭힘이 도를
넘는다
다양한 레퍼토리로 오늘은
도끼로
다음날은 주먹으로
그다음 날은 살림살이를
집어삼킨다
어느 날은 신발을 신은 채로
저벅저벅 걸어 들어와
쌀통을 집어던진다
방바닥이 하얀 쌀로
뒤덮여서
빗자루로 쓸다가
눈물이 골짜기를
이루었다
길에서도 조금만 어긋나면
느닷없이
얼굴을 내리친다

갖가지 고통과 죄악을
다
내게 쏟아놓고
언어로
행동으로
폭력은 멈추지 않았다
그러나
나는 포기하지 않았다
내 인생을……
두근두근 내 인생은
그렇게 세월을 이고 왔다.

힘들면 울어

내가 나에게 말한다
힘들 땐 울라고
아플 때도 울라고
세포 마디 어디에나
눈물 세포가 있으니
누르기만 해도
주르륵 기다렸다는 듯
흐른다
눈물이라는 입자가

기뻐서 우는 눈물이면

행복해서 우는 눈물이면

그건
눈물이 아니고
축제 일 테다

갈바람 서걱서걱
가을이 오는 소리

귀를 쫑긋 세우고
기다리는
소녀적
설렘이 아닌
가을과 함께 찾아온
아픔의 소리
힘들면 나오는
신음으로 눈물 세포는
아우성친다

그래
아프면 울어
힘들면 울어
눈물이 눈에 모여서
앞이 보이지
않아도
눈물 방 어디 하나
만들어 두어서
소리 내어
꺽꺽 울고 싶다

내가 나에게 해 줄 수 있는
말은
그냥 울라는 말 외엔

마음이 아픈 소리
몸이 아픈 소리
눈물방울
떨어지는 소리
계절이 바뀌었다고 우는
갈잎
부딪히는 소리.

속 타는 기다림

집에서는 배고픈 산모가 기다리고
호박 물은 얼마나 졸았을까,
냄비 바닥이 튀듯 가슴이 뛴다
버스를 탄 게 잘못이었다
하염없이 하염없이 기다려도
오지 않고
거대한 지붕이 멀리서 보여
반가워 올려다보면 하릴없는 쓰레기차다
임을 기다리는 게 이렇게 애절할까

상거는 아직도 먼데
시간이 타들어 간다
인디언 썸머가 왔는지 빛은 뜨겁다 못해 지친다
아마도 파업을 했거나 사고가 났나 보다
전화도 없고 누구를 부르기엔 민망하여
이제 모든 것 내려놓고
편하기로 했다
아! 올 테면 오고 말 테면 말라지
그러고 있는데
저만치서 느릿느릿 오는 거대한 물체

얄미워서, 얄미워서
그래도 무정한 운전사가 고맙기만 하다

하루는 저 혼자 가버렸다.

눈물이 지나간 자리

밤새 꿈과 눈물이 저절로 버무려졌는지
아침에 눈을 뜨니
모여있던 눈물들이
주르르 흘러내린다
눈물이 지나간 자리는 아무래도
시커먼 길을 낼 것만 같다
멍자국이 선명한 옛적 그때
시퍼런 색깔을 하고
지금 그 멍들이 춤을 추고 있는지 모르겠다
꼭 부딪혀야만 멍이 되는 건 아니다
눈물도 멍으로 오롯이 남는 건지
그리움으로
어서 바뀌어지기를
속으로 운다
무엇으로 지나간 자리를 채울 건지
아!
홀로 버려졌다는 서러움이
해일처럼 밀려와 다 덮어 버릴 만큼
마치 울부짖는
어미새가 빈 둥지

허허한 눈빛으로 바라보듯
여기저기 빈 허공을 둘러봐도
그냥 못 해 준 것만 생각나서
아득해진다
그래 기다리자
기다림만의 채움으로
오늘
눈물이 지나는 자리에 그냥 그렇게

새는 울고, 아지랑이는 노래하고
_44주년 결혼기념일

아하! 44년
산 넘고 물 건너 여기까지 왔노라

웃을 일보다 울 일이
더 많았던.
기쁜 일보다 슬픈 일이
더 많았던.
뜨거워 불에 타 죽을 것
같던.

언젠가는
폭풍에 휘감기는
물속에
빠져 세상 등질뻔했던

온갖
풍랑 속을 죽을 힘으로
여기
헤엄쳐 왔노라.

어떨 땐
마지막 문턱까지 갔다가
알 수 없는 힘에 이끌려
되돌아왔노라
살 일 보다 죽을 일이 더
많았던 내 44년이
여기
버티고 있구나
아하!
돌아보니 안개와 같다
새는 슬피 울고
아지랑이는 말이 없는데
흐느끼며
쓰러질 듯 외치는 소리
나의 44년은 어디로
갔던가?

내 몸은 눈물이다

아무리 생각해도
내 몸은 99%가 눈물로 지어져 있는 것 같다
어느 한 곳이라도 툭 건드리면 그냥
눈물이 자르르 흘러 버릴 것 같이
지뢰로 깔린

그러나 어쩌랴
그것을 꼭꼭 숨기려 태연한 척
연기하는 나 아닌 다른 삶을 살아가고 있으니
항상
무엇이건 넓게 보려 하는 것이 아닌
나 자신에 갇혀서
겨울바람이 저리 스산하게
불어제칠 때도 몸은 울 듯하다

괜히 위축되어 괭한 심술부릴 때도
그때도 아마
눈물이 용솟음칠 것 같아
숨기려 그러는지도 모르고

아주 어릴 때부터
익숙해 져 온 따가운 시선들이
온몸에 박혀 있어서
그것이 온통 가시 되어
눈물이 되었는지는

한낮 다른 이의 평가에 귀 기울이다가
속에서 응고된 것이 폭발을 멈추다가
눈물이 되었는지는

다 부수어 터뜨리고
바람 위로 올려 버리든지
물기운 스치는 소리로 날려 버리든지
작지만 의미 있는 것으로 바꾸든지
그 모든 것을 했어야 했다

온몸이 눈물이 된다는 것은
극히 사소한 것에도
행복이 꿈틀거린다는 진실을
일찍
눈물로 씻어내지 못했기 때문이다

쓴 뿌리에 말 걸기

내 안에 있던 슬픈 아이에게
오늘은
한없이 그냥
마주하여
쓰다듬어 주고 싶다
움츠리고 숨어 있고
아파도 울지 못하는 서러운
아이였던 그를
오늘은
마냥 안아 주고 싶다
그래도 잘 견뎌왔다고 힘들어도
잘 참아 왔다고
토닥여 주고 싶다
인정받는 게 뭔지도 모르고
상을 받아도 슬그머니 감추었던 아이는
칭찬도 격려도 모른 채 눈치껏
그렇게 살았었지
결핍은 항상 그 주위에서
맴돌고

그러다 어느 날 우레 같은
소리하나
“너는 존귀하고 소중하다”
음성이
그 아이를 벌떡 일어나게 했다
기막힌 그 인생의 반전은
하나님의 힘이었다
하찮은 사람도 올곧게 인정해 주시는 그 힘

이제
세상은 아름답고
사랑도 그립고
사람도 정겹다

쓴 뿌리가 팬 그 자리에
사랑하나 스며드는
과정은.

내가 나를 마주 보고

내가 나를 마주 보고
울었다
거울 속에서……
엉킨 실핏줄 속으로
굽이쳐 마주 오는 건
두 살 이전의 내가
거기 있었다

나는
너무나 가엾은 그 아이를
지난날의 나를,
까마득한 지금
그냥 힘껏 껴안아 주고 있다
어떻게 그 수많은 아픔을 잘도 견뎠는지
부서질 만큼 안아주고 싶다

자기와는 전혀 생소하게
느닷없이 찾아온 상흔을
얼굴에 화인 맞은 생채기에
아버지의 부재로 겪을 가난의 흔적들까지

더럽고 지친 두 살배기 아이는
혼자서 감당치 못할 아픔으로
날마다 울고 있었지

쉼 없이 꽂히는 시선들을
또 어떻게 막아 냈을까
아이는
영문도 모른 채 배고파 손 내밀어도
거절당하고
사랑이 그리워 누군가의
손길을 기다려 보지만
하나같이 외면했을 그런

더럽고 지친 것을 아이는
흙을 씹어 삼키며 달랬을까
날마다 돌봐주는 이 없어
길에서 저 혼자 뒹굴다 잠이 든 아이
외로움이 몸을 휘돌아 살갗을 이루고
거절을 일찍부터 배운 아이

그 아이를 지금 나는
힘껏 안아 주고
얼마나 울었을까
얼마나 아팠을까
얼마나 지쳤을까

흙 속에서 뒹굴던 세포가
지금 내 거울 속에서 엉엉 울고 있다
60여년 지난 지금 울고 있다
그래 하늘은 듣고 있다

어느 날
두 살 된 손녀를 보고
그 이쁜 손녀를 보고
사랑받을 나이를 훌쩍 뛰어넘어
나의 나를 돌아보고
울고
그리고
웃었다

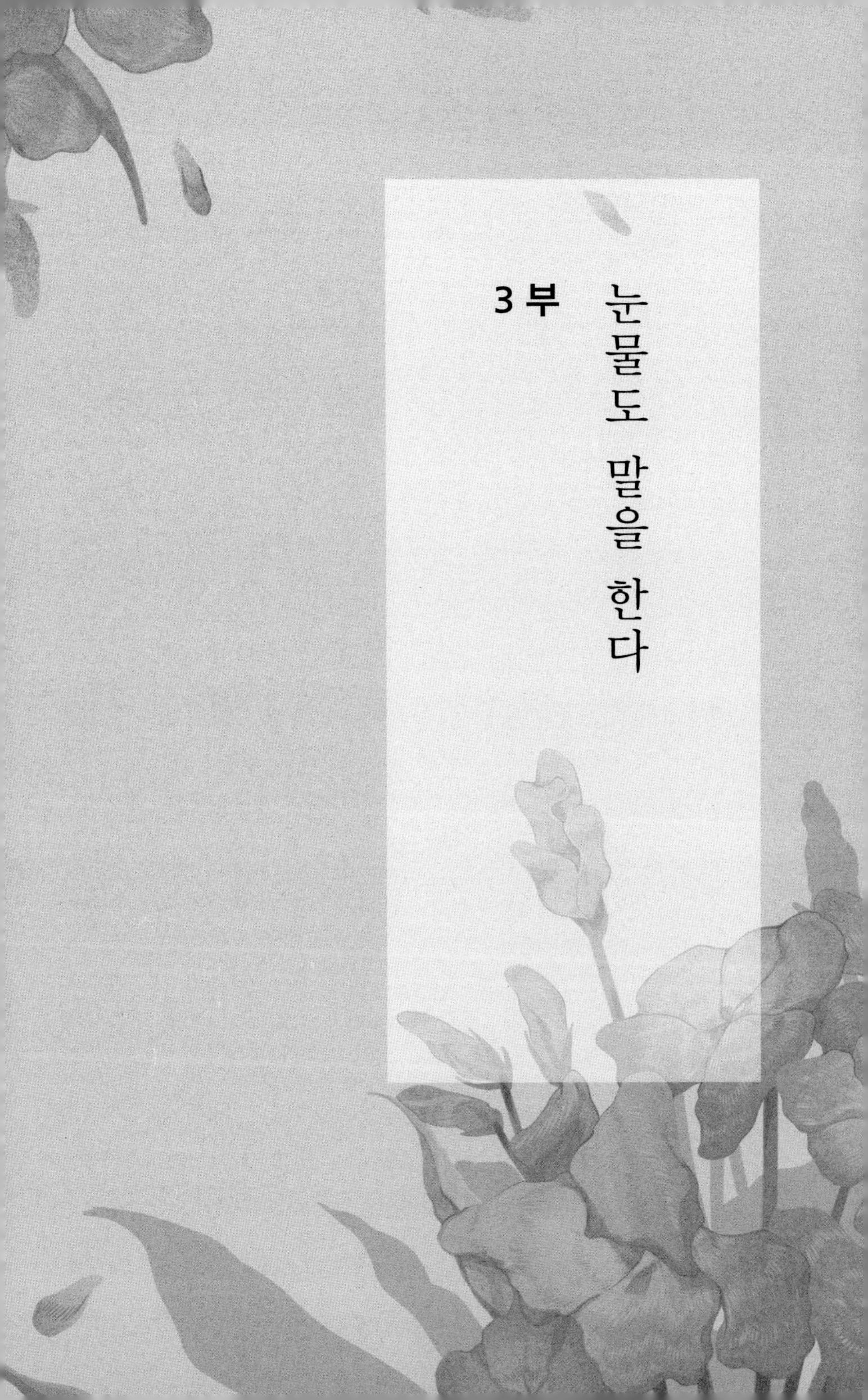

3부 눈물도 말을 한다

아름다운 여행

사람들은 누구나 일생에
한 번쯤
아름다운 여행을 꿈꾼다

너도 내게 아름다운 여행에
대해 얘기했다

처음엔 달빛에 취한 듯 마음이 취하는 것 같았다

너의 아름다운 여행은
어슴푸레한 영혼을 뒤흔드는 충격이었다

아프가니스탄으로 선교여행을 간다는.

달콤한 듯 꿈꾸는 듯
평안하고 감미로운 여행이 아닌

오 그 살벌한 이슬람이 판치는 나라
두려운 나라
그곳으로 어린아이 내려놓고

네 남편 뒤로하고
가슴 가득 믿음 하나 담대히 부어 담아서
적진을 향하는 너는

나중에
참 아름다운 여행이었다고
네 아이와 얘기하고
하나님의 꿈을 그곳에 심고 왔노라고
당당히 순교적 자세로 얘기할 날이 온다 해도

눈물이 멈추지 않음은
피도 눈물도 없는 그곳이
그리 만만한 데가 아니니
어쩌랴

차라리 쪽빛 바다 여행을 함께 가자꾸나
아니면 설원 가득 흰 발자국 그려놓을
빅베어 산장에 짐을 풀고
모닥불 피워 도란도란
우리만의 아름다운 이야기는 어떨까

날은 살이 베일 듯 추워지는데
편안한 여행도 지쳐 돌아오련만
밥 한 끼 따뜻이 먹지 못하고
제대로 씻는 것조차 불편한 그곳에
매일같이 몇십 리 흙길을 걸어 다니며
오직 복음을 심기 위해
가는 너의 발걸음이 얼마나 비장하겠냐마는

그래 어떤 여행도 결코 후회는 없다고
누군가 말했다지만
무엇이든 가슴에 담고 오는 것이 여행이라고

부디 한아름 은혜 가득
사랑도 한 짐 잔뜩 지고
그토록
아름다웠노라고 말할 그날이 온다 해도

오! 눈물 한 뼘 줄 것밖에 없는
우리는……

한사코 꽃은 피고

세상은 어둠에 갇혀 있으나
그러거나 말거나
꽃들은 한사코 피겠단다
겨울을 박차고
한사코
움을 틔우며 그들은
제 할 일
하느라 바쁘다

마음은 움츠러들어
갈피를 못 잡고
겨우
눈을 들어 흰구름 한번
올려다볼 여유도 없다

시대가 아파하니
나도 아프다

코로나 그 이름은
인간의 여운까지 빼앗았는지

봄꽃 하나 눈부신
자태를
바라볼 여지도 없다

그러나, 그러나
봄꽃들이 살포시
어리석은 내게 다가와
말한다

폭풍한설
그 모진 풍파도
넉넉히 이겨내고
기어이
꽃망울 터뜨린 모습으로
여기까지 온 것이
갈길 몰라 허우적거리는
나를 오히려
부끄러워하듯 한다

모든 것은 곧

끝이 올 것이라고

순리대로 피고 지는 꽃 무더기가
어디서 들려오는 소망의
다른 이름으로
염려하지 말라 한다

지금
부끄럽고 어리석은 내게
한사코
감사하라 한다
이겨내라 한다.

이별

이별은 슬픈 거라고 사람들은 말한다

아무 말 없이 긴 그림자 남기고
떠나는 뒷모습은 그냥 슬픔이라고
소리 없이 절로 흘러내리는 눈물을
말없이 훔쳐내다가
그래 이별은 눈물이라고 덧붙인다

약속 있는 이별은 그래도
울림이 있다
설렘도 있다
흐르는 세월을 방치만 하지 않는다면
언젠가는 이루어 가는 것

오늘 있었던 모든 순간이
먼 훗날 다 변했다 해도
진심 어린 몸짓은 그리움으로 남아
설핏 옥죄는 아픔도 삭여 보내고
기도의 끈을 놓지 않는 애틋함에
약속은 계속해서 현재 진행형이니까.

이별, 그 울림 속으로

삶이 그토록 지치고 힘겨울 때
내 옆에 다가와
말없이
그저 말없이
어깨 감싸 안아주던
따뜻한 손길 하나
그것으로
무언 아닌 유언으로
단지
이생의 오가는 곁길에서
이것으로 마지막 길목을 작별하는
몸짓은
기둥 뒤에 숨어 울고 있음을
애써 외면하는

이제
언제 만날는지
알 길 없는 기나긴 이별 앞에 서서
태연히
일상의 그늘로 스며 들어감은

지독한 현실의 무게로 인한
의무라든지
속박이라 해도 좋을
또 다른 자유를 향해
운다는 것도 사치 같아서
감추고
내 한쪽 깊은 심중에 켜켜이 모아 두고
언제인지도 모를 그 먼 날에
꺼내어 보고야
그대 갈 길 다 가고
빈 허공
말없이 올려보는 아픔은
이별 앞에서 울림으로
깊은.

계곡의 물소리는 음악이다

아주사 골짜기에 와서
계곡에 발을 담근다
고즈넉하게 앉아 있으니
실로 얼마 만의 사치인가

나의 고즈넉함은
거절과 아픔과 눈물과 한이
버무려져 응축된
달관의 또 다른 이름이다
고즈넉하지 않으면
어쩔 것인가
눈물 한 움큼
거절 몇 바가지
심장이 도려지는 아픔 같은 것
두고두고 겉옷처럼 함께하는
한 서린 회한들
내 안에서 농축되어 있으니
고요의 또 다른 이름인가

잠시 청색 잠자리 한 마리

포롱포롱 날아와서
아는 체를 한다
나를 향해 날갯짓하는 모습이
내게 말을 해 주는 듯하다
이 시냇물처럼 모든 건
흘러갈 뿐이라고
문득 들리는
바람 소리 물소리
산딸기 익어가는 소리
어우러져
덜 익은 나의 소리를
부끄럽게 한다

아! 청아한 자연은
마음을 어루만지는 소리인가.

내 눈엔 눈물이

항상 내 눈엔
눈물이
그렁그렁 맺혀있다.
왜 그런지는 아직 모른다.
감사와 회한의 이름은
아무 때나 어디서나
살짝 누르기만 해도
기다렸다는 듯
봇물 되어 흐른다

그 이름은 눈물이다.
어렸을 때나 늙을 때나
어쩜 한결같이 그렇게

어느 날은 은혜의 이름으로
또 어느 날은
가슴 저 밑바닥에 고여있던
억겁의 슬픔이
농익은 액체로

줄줄 내린다
그냥 말없이
스스로 흘러내린다
두 개의 이름은
색깔도 다르고
무게도 다르겠지
하나는 기뻐서 흐르는
은혜의 눈물이고
하나는 슬퍼서 흐르는
회한의 눈물이.

어찌 그 둘이 같은 눈에서
다른 색채로 흘러내릴까
하루에도 몇 번씩
감사도 한 줄기
슬픔도 한 줄기
그렇지만
모든 게

기쁨의 줄기다.

동백꽃이 피었다

수줍은 새색시처럼
가을부터
봉오리 앙다물고 있더니만
몇 달, 지나
오늘 보니 배시시 봉오리 살짝
열고 나를 보고 웃는다
아직도 얼마나 더 있어야
활짝 눈맞춤 할는지는 모르겠다

서서히
세월 따라 바람 따라
빛으로 어둠으로
이리저리 부대끼다가
한시름 눈물 지새울 때쯤 터져오는
잎새의 아우성이
비로소
그 환한 미소를 비추어 주겠지
연분홍 새색시 비단옷 입어
모습 되어
세상이

도처에서 울부짖고 있어도
잠잠히 동백꽃
말없이 웃고 있다.

모란아 모란아

열흘 붉은 꽃이 없다 했는데
너는 나를 보러 온 지
스무날이 지났으나
아직 떠날 채비도 잊은 듯
그리 고즈넉하게
다소곳이 머리 숙여
내 곁에 머물러 있구나
그때 그 모습 그대로
보랏빛 속울음 머금은 채로
내 밑바닥에 가라앉은 한을
조금이나마
함께 겪기를 원하여서
다정한 꽃내음
지치지도 않은지
내 문 앞에서 웃고 있구나
외로울까 봐 통곡할까 봐
날 대신하여
저린 듯 쓰린 듯
속으로 품은 한을
다 뿜어내지 못하고

속으로 우는 내가 안쓰러워
차마 등 돌려
떠나지 못하는가?
그러나 모란이여!
내겐 생채기로 남아
평생을 움켜쥐고
살 수밖에 없는데
영영토록 못 떠나겠는지?
괜찮아!
항상 그렇듯
내가 갖고 갈 몫인걸
나로 버려두고 떠나도
그 향기 그 다정히
내 속에서
넉넉히 살아낼 물결이 되는걸
이제 이별이 와도
괜찮아! 괜찮아!

모란이여!

시를 좇아 떠난다

감성이
사그락대는 낙엽같이
메말라
그 좋아하는 빗소리를
듣고도
먼 나라에서 들리는
태풍쯤으로
그다지 마음에 울림이 없다
변고가 왔으니
시를 찾아 자아를 둘러메고
떠나려 한다

옛적 청아한 비를 맞으며
슬픈 광화문을 걸어보고
족두리 꽃 신비한
연두색 꽃잎도 그려보고
하늘에 떠 있는 솜사탕 같은
구름도 실어보던
그때의 여백을
떠올려 보노라면

조금은
무디어진 감성이
시가 되어
두레박으로 상큼한
물 한 바가지
퍼 올리 듯
시를
써 볼 수 있을까

괜히
안타깝고 스산하여
마음으로 운다

빗소리는 어느새 찾아와
내 영혼을 적시는데
나는 아직 무엇에 쫓기는지
머뭇머뭇
방황의 골짜기를
더듬거리고 있는가?

아! 빗소리

빗소리가 꿈인 듯하여 눈을
떠보니
정말 빗소리다
이게 얼마만의 그리움이던가
살금살금 창문을 향해
나가보니 꿈에도
그리던 비가 새록새록
내리고 있다
7월에 비라니
내 조국엔 장맛비로 이름할지
몰라도
여긴 아니다
가뭄 끝에 오는
보석 같은 알갱이다
행여 멈출까 봐 발소리도
사양하며 살그머니 문을
열어본다
그 소리에 빗소리도 놀라
멈출까 봐 깨금발로 걸어가는
나는

절대로 방해하지 않을 테니
좀 시원시원 내려달라고
마음으로 빌었다
행여 수줍은 빗소리 내게
들킨 것이 민망한가
이내 그치고
나는 망연히 서서 하늘을 본다
이제
그만 이별인지
이렇게 애잔할 수가 없다
그새 이별이라니
첫사랑보다 더 아쉬운
비와의 이별이라니.

아! 저 순수

HI! 새!, HI! 개미!, HI! 나비!.

보는 대로 아이는 인사한다

자연을 향해 자연으로 인사하는
저 때 묻지 않은 영혼이 처연하다
그들에게 인사를 하면서도
왜 대꾸가 없는지는 모른 체한다
모두가 하나라는 것을 알기 때문인지

언젠가 세월을 덕지덕지 보내고 난 후
저 순수한 영혼에
먼지가 스며들 때쯤이면
나는 서서히 세상을 하직하고 싶다
그 아이의 순한 영혼이
먹칠 되는 것을
차마 보고 싶지 않아서다

거짓된 세상이 밉다
아직도 세상을 에덴동산처럼 생각하는 아이가

유토피아는 가슴에만 있다는 것을
알게 하기가 벅차다
꿈꾸는 자는 정녕
꿈으로만 끝나는 세상이 싫다
넋두리가 허공을 떠다니는
허무도 싫고.

눈물도 말을 한다

한없이 울었던 그때는
그게 패배인 줄 알았다
누구 하나 나를 위로
해 주지 않을 때
외로움이 성장이라는 것도
그때는 미처 몰랐다
슬픔과 외로움과 암담함이
어우러져
나와 친구 하자고 졸라댔을 때

길을 가다
어디서 날라 오는지
모를 돌멩이를 피하다
발등에 맞아 피 흘리며 울고
서러워서 또 울고
거절당하고 차별을 겪어도
그러려니 하면서
입술을 깨물며 울었던
피눈물도 있었다

괜히
억울해서 슬퍼 울었지
목놓아 울어도 내 엄마는
속으로 울지언정
늘
담담했었다
마침내
슬픔도 껴안고
눈물도 세포막같이 내 일부가
된 후에야
난 비로소
자유로울 수 있었어
맘껏 울다 맘껏 슬퍼한다
세월은 어느새
여기까지 날 데리고 왔지
슬픔은 기쁨의 다른 말이라는
정답을

일생을 지나면서 겨우 얻었다.

익숙함과의 이별

눈을 감고도
부엌에 있는 것을 찾아낼 수 있을 만큼
모든 것에 익숙한 것들을
이제 홀연히
이별할 때가 오고 있다
이 서랍에는 무엇이 들어있고
저 찬장에,
이쪽엔 무엇 저쪽엔 무엇
손이 척 가기만 해도
한 손에 딸려오는 익숙함에서
낯선 곳으로 가는 두려움은
온갖
걱정 아쉬움이 나를 옥죈다
그러나 날짜는 다가오고
심청이 인당수에 빠질 날 피할 수 없는 것같이
하루하루 당연한 듯
오고 있는 중에
또
나무도 정이 들어 자식같이 안쓰러움에
내가 없어도

물은 자주 줄는지
가지는 제대로 쳐 줄까
너희들을 어찌 두고 가나
나무도
미리부터 눈물을 흘리는 것 같다
가지 말라고 내 옷자락을 붙드는 것 같다
제각각 나무마다 사연이 있는데
익숙함과의 결별은
눈물 속으로
아릿한 빗줄기 내내 흐르고 있다.

희망 앞에서

슬픔도 참고 견디면
힘이 된다던가
벼랑 끝에서 한발만
내디디면 바로
낭떠러지가 되는

손끝은 허공을
휘휘 저으며 애꿎은
눈만 꼭 감았다.
절망의 끝자락에
서 봤는가
그 끝 어딘가에 빛을 이고
다가올 걸 기대하는 건
사치다
절망은 강했다
목숨도 하찮게 여겨질
만큼
그땐 목숨과 절망은
하나가 된다

주로 절망의 끝자락에서
입을 앙다물고
침묵한다
포기의 또 다른 이름이다

잦은 폭풍우와 비바람이
세월의 무게만큼
쌓였을 때
오호라
내가 나를 어찌하지
못한다는 걸
알 때쯤엔 결국

삶이란 하나의 희망을
굴려보는
굴렁쇠가 된다.
끝도 없고 시작도 없는.

이름 모를 꽃

삭막한 이 겨울 한복판에
살포시 꽃 한 송이
나를 보고 웃는다
어쩜 붉은색 눈부신 색상에
초록빛 점까지 아우르고
비바람 흩날리는
이 겨울에
나의 안부를 묻는다
마음이 아프냐고
무엇이 그리 힘드냐고
자기도 잠시 왔다가 홀연히
떠나가듯
모든 게 그리 흘러갈 거라고

연약한 그 잎새
파르르 웃는다
비를 창고에 가두고
서리와 이슬을 준비하신 이가
무엇을 못하실까 염려하냐고
아!

그렇다
이 꽃잎 하나도
그분의 솜씨임에랴

항상 그렇듯
다시 나를 찾으러 떠나고 싶다
목마른 채로.

자카란다여!

눈부신 보랏빛 가슴을 이고
이리도 마음을 설레게 하는가

눈물처럼 꽃잎 뚝뚝 떨어뜨리고
왜 그리 말이 없는가

그 가녀린 꽃잎
무심한 발길에 짓밟히는데
아프지 않은가

왜 침묵하는가
한 서린 맘
울어, 울어 보랏빛이 되었는가

푸르른 하늘 올려다보고
소망으로 물들었는가

보랏빛 고운 자태
마음으로 우는 자카란다
아픈 꽃이여!

커피 한 잔의 여백

아침에 마시는 커피는 내게
고요를 선물한다
분주한 중에도 커피를 마시면 고요가 따른다
아니면 커피가 바로 고요인지는 모르겠다

얼마나 행복한 인자가
그 속에 들어있는지
아직은 모른다
왜
커피가 그리 좋은지
알 길도 없다

황망한 중에도 커피는
내게
고요의 안간힘을 선물하는지 조차도

그 여백이 좋아
오늘도 블랙커피에
내 인생을 담근다.

새벽안개

밤새 잠을 설친 날 새벽안개는 서럽다
뿌연 가슴같이 어지럽고 몽롱하다
햇살 무늬 밝게 비춰려고
밤새 저리도 낮은 땅에서
운무처럼 일렁이고 있었는가

맑은 바람이라도 덮개 삼아 보려
이리저리 움직였을 입자가 아득하다
조금 있으면 햇살 속에 묻혀
이별이라는 기억 한편으로 사라지고 말 것을
삶의 한 자리를 덜어내려고
여백을 채우기 위한 몸부림
그 아릿함이여!

세월의 덮개 위로
또 여전히
시련은 그대로 그곳에 있는지
새벽안개는 곧 밝아질 햇살 기다리다가
이름 없이 사라지는 것으로 소중하다
이만하면 됐다 할 때까지

뿌옇고 개운하지도 않은 가슴으로
안개는 늘 그 자리에
자욱하게

그렇게 늘.

은행에 넘어간 집의 은행나무

그 집을 처음 살 때는 꽤 행복했으리라
마주 보는 은행나무 있어
그 밑에 자리한 테이블은
유리같이 맑은 기쁨이 영글었고
그것은 혼자 있어도 외롭지 않았다
감나무는 실하게 열매 맺어 보기에 좋았고
맛있어 이웃과 함께 무엇이나
풍성한 것이 좋았고 또 좋았다

은행나무가 은행에 넘어갔다

나무는 누군가 돌보지 않아 시들어가고
겨우 비가 와야 곧추서는데
캘리포니아는 비에 인색하다
누군가 물을 주지 않아 목이 타들어 갈 때
집은 은행에 넘어가지만
나무들은 주인의 사정을 몰랐다
그냥 애타게 물을 기다릴 뿐

오늘도 내일도 몇 달을 기다리다가

할 수 없이 생을 마지막 정리할 때쯤
누군가의 손에 파여 다른 집으로 옮겨갔다
아프고 아프지만, 주인의 행방을 알지 못하고
언제 돌아와서 쓰다듬어 줄 기약도 없이
다만 생명이 있으므로
물을 주는 기다림을 면하고 버티고 있다

주인은 언제 그 집을 되찾을 수나 있는지
마음이 얼마나 처참한지는 모르지만
은행나무는
감나무가 어떻게 안 죽고 사는지도 궁금했다
홀로 떠나올 때 모든 게 시들어가고 있기 때문이다
그 밖에 무화과나무 사과나무 배나무
여러 가지 계절마다 주인을 기쁘게 했던 꽃들은
은행에 힘없이 넘어 갔을까
아니면 바람에 흩날려 가버렸을까

은행에 넘어간 집의 나무들은 한없이 아프다,
주인과 함께.

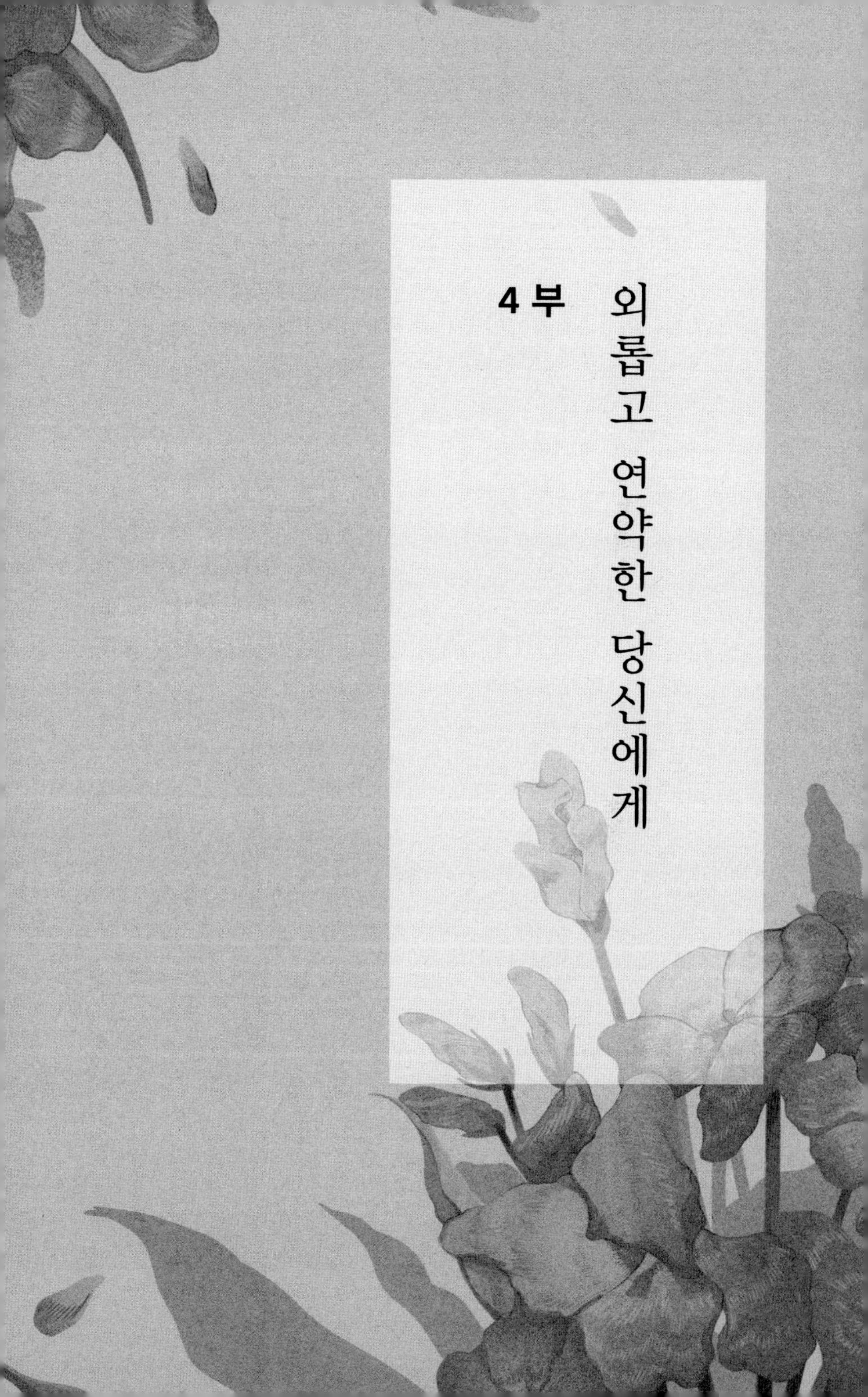

4부 외롭고 연약한 당신에게

두레박으로 시를 퍼 올리다

어느 날 시라는 두레박이
내 가슴에 첨벙 내린다면
아! 그곳은
맑은 물 밑에 가라앉은
온갖
회한들이 똬리를 틀고
있을 것이다
그곳은 아픔과 서러움
고통과 거절과
차별과 외로움이
이루 말할 수 없는
눈물범벅이 되어

마침내
끌어올릴 수 없을 만큼
무겁고 아파서
몸부림을 칠 것이다

그 무게를 이길 자가
누구일까

깃털같이 가녀린 평화도

없고

안식도 없고

다독여 주는 사랑도 없고

오! 길 잃은

사슴 한 마리

꺼이꺼이 혼자 울다

지쳐 쓰러진

가눌 수 없이 허기진

모습으로 늘어진 채로

몸부림을 치다가

갖가지 서러움이

폭포수같이

흘러내린 그곳에

어찌

한갓 조그마한

두레박이 억겁의

무게를

다

끌어 올릴 수 있단 말인가

내 가슴에

시라는

울부짖음으로

틀어 올려질 수밖에

없는

진한 이름 외에는

언제

고요를

안을 수 있을까.

회개의 물줄기를

부여잡지 않고서는

아무도

대답이 없는

깊은 그곳은.

물이 변하여(신앙시)

아직도 물이 되어
그대로 있습니다
물이 변하여 포도주가
되어야 하는데
눈에 보이는 것만
다인 줄 알고
달려가고 있습니다
우리가 가는 길은
어디인가요
꼭 보아야 하는 주님을
보지 않고 있습니다
눈에 보이는 것만이
전부인 줄 알고 있습니다
우리가 보는 것은
무엇인가요

듣는 것도 세상 소리만
듣고 있습니다
주님 음성은
듣지도 보지도 못했습니다

우리는 무엇을
좇아가고 있나요
온통
세상 소리와
세상 나라와
세상 행복을 향해
달려가고 있습니다
손에 쥐면 허무와 허탈과
허한 마음뿐
갈증이 더욱 죄어 옵니다
포도주가 되어
피로 우릴 건지신 주님을
바라보지 않고 있습니다
끝은 어디일까요
모든 허물을 토하고
잘못을 다 드러내고
주님께 눈물의 잔을 올려
그 잔에 포도주를 마시고 싶습니다
세상 것이 아닌
저 너머에 계신 주님만

바라보고
세상 것에 귀를 기울이기 보다
주님 음성을 듣는
성령의 사람이 되고 싶습니다
그리하여
물이 변하여 포도주가
되어보고 싶습니다

고통 중에도 하늘 보좌
우편에 앉으신 예수님을
보았던 스데반같이
우리도
처음이요 마지막인
주님을 만나고 싶습니다
회개의 잔으로

지금 여기인가요?

새야 새야 어찌하니

우리 집 앞뜰에 새 한 마리
다리 다쳐 울고 있다
가까이 가도 달아나지 못하고
처분만 바라는 듯
이리저리 눈치만 살핀다

아! 가여운 그 새는 이제 보니
우리 집 처마 밑에 둥지를 틀고
태어난 아기 새였다
어미 새가 와서 주위를 호위하는
그 모습이 눈물겹다
우리 집 처마는 그들의 본향이다
아마도 본향 찾아 왔다가
낙상을 했나 보다
어쩌니 아기 새야
우리도 본향 찾아가려고
애쓰고 있는데 너희도 그러하니

빈 둥지에 물도 주고 빵도 주고
하지만 식음을 전폐하는 건

무슨 연유인지
오늘 있는 왕의 고난 때문인지

주위에 맴돌고 있는 어미 새의 눈은
딸을 안타깝게 바라보던
내 엄마의 슬픈 눈 같다
망연히 기다리는 그 새는
나를 종일 서성이게 한다

무엇으로 날게 하나
그들의 해후를
눈물로 기다리는.

선물 교환

해마다 이맘때면 선물이라는 걸 주고받는다
한 해 동안 알게 모르게 고마웠던 기억을
카드에 담아 상자를 건넨다
생각지도 않았던 크고 작은 선물들은
때로 고맙기도 하지만
부담될 때가 많다

상대방은 맘먹고 유쾌한 선물을 해 왔는데
으레 나는 조그마한 정성으로
준비해 건넸을 때는
그냥 아득하다
사랑이 전해지기는커녕 부족한
마음으로 오인되기도 하니까,
보이지 않는 사랑의 모양새를
어찌 상자 하나에 다 담아 보낼까

어쩌지 어쩌지 실망 줘서 어쩌지
다시 무르자 할 수도 없고
선물이라는 괴물로
저울질당하는 이건 또 뭔가

마음과 정성은 형태가 없다
상자에 다 담을 수도 없고
압축되지도 않는다
그냥 빈 상자에
보이지 않는 마음만 담아 안 될까
아니 아니 사랑이라는 이름 하나면
족하지 않을까
선물의 이름 없이
마음으로 눈빛으로 그윽이
가늠이 안 되는 선물로
획을 정하는 것보다야
평소 주고받는 정성으로
빛을 발하면
그 또한 사랑을 날마다
주고받는 선물의 다른 이름이 아닐까.

분주한 끝자락
온종일 손이 먹먹하다.

어떤 사람

매일 같은 시간에
피게로어 길을 지난다
운동한 후의 개운함으로
날아갈 듯
깃털 같은 가벼운
걸음으로 누구에게 든지
아주 결 고운 웃음으로
인사하고픈 그런 날에

항상 같은 장소에서 나 대신
인사해 주는 사람이 있다
have a good day!
그리고 god bless you까지
너무나 기분 좋은 웃음으로
반복해서 이야기 한다
지나는 모든 사람에게 축복을 보낸다
곁에는 배고파서 얻어먹은 흔적이
널려 있는데
따로 돈을 요구하지도 않고
쉴 새 없이 축복을 읊는다

아!
저 사람은 그 유창한 영어로
매끄러운 본토 발음으로
인사를 하는데
나머지 언어로는 어디다 쓸까
도심 한복판에서 그가 던지는 말은
오직 축복을 비는 그 단어 몇 개뿐

여기서 나고 자라
내가 그리도
흠모하는 영어를 왜 저 자리에 앉아서
절약하고 있는 걸까
맘대로 유창하게
여기저기 다니며 거침없이 말하고
듣고
나같이 손짓, 발짓하지 않아도 될
우아한 몸짓 하나면 충분한
그 훌륭한 언어를 삭히고 있는 것이
아깝고 서럽다

붙박이처럼 앉아서 절제된 언어만
쓰지 말고
나머지 모든 언어를,
쓰지 않는 언어를
나에게 던져 주면 안 될까
맘껏 말하고 쓸 수 있도록
그런 망상을 할 만큼
그 사람!
자기가 얼마나
좋은 언어를 가진 것에 스스로
감사하게
축복을 되돌려 주고 싶다
you too

손주의 눈엔

이제 막 네 살이 된 손주는
제 눈을 감으면
세상도 없고
우주도 없다.
어느 날 눈을 손바닥으로
가리고 있기에
너 뭐하니 했더니
엄마! 내가 보여?
하더란다

제 눈이 안 보이면
모두가 안 보이는 줄 아는
순수 덩어리다

그렇게 간단한 게 아닌 것이
이 세상 이치인 것을
온갖 더께가 늪으로
막혀 있는
굽이굽이
험난한 것이

이 세상인 것을
그 아이는
아직
알 리가 없다

세상이 보기 역겨우면
눈을 손바닥으로
막으면 되고
보고 싶을 때 눈을 뜨면
되는 그런 것이 아님을
알게 될 그때

순수의 겹이
한 올 한 올 벗겨질 때쯤
그는 세상을 향해
뭐라 손짓을 할까

그런걸

미리 알려 주고 싶으나

아직은 이슬방울같이
고운
아름다운 세계를
다치고 싶지 않아

가슴 한편에
늘 순수한 마음이
빛이 되어 영롱할 때까지

그냥 기도로
아이를 어루만진다

영혼은 순수하다 했던가
아!

아기의 눈동자는 맑고 투명하다

아직 세상을 모르는
하린과 그린은
이 남루하고 비겁한
세상을 몰라서
깊고 영롱한 눈동자가
지칠 줄 모른다
저 한없이 새어 나오는
무한의 가능성에
자칫 세상의 어두움이
덮어져 오면
원하지 않아도
그 눈동자에
만만치 않은 아픔을
경험하겠지
그 상실감과 적막을
무엇으로 씻어 줄까
나는 그들의 눈에서 흐르는
눈물을 결단코
보고 싶지 않은데
그냥 지켜만 주고 싶은데

내 뜻엔 아랑곳없어
세상은 제 갈 길로
가겠지
그들의 눈이 아직도
맑고 순수할 때까지만
살고 싶다
자라면서 겪는
아픔을
바라만 봐야 하는
그냥 속수무책이
싫어서
매 순간
선택을 껴안아야 하는
안타까움이
싫어서
세상이 그리 쉽지
않다는 것을
아는 게 싫어서.

아버지라는 이름은 눈물이다

그 이름만 떠올리면
눈물부터 난다
눈물샘이 하염없이 흐르는 걸 막을 길 없다
특히 이 고난주간엔 더욱더 그렇다
내가 지은 죄를 대신 갚으려
손으로 매 맞고
채찍으로 생살이 찢긴 아픔을
오롯이 나의 죄를 대신해
견디시는 그것은
차마
내가 지은 지독한 죄의 무게가
커서
더 고통을 받았으리라
어찌할꼬, 어찌할꼬
그 아픔을 내가 져야 하는데
나는
그저 눈물샘 끌어안고
통곡하는 것 외엔
할 수 있는 게 아무것도 없다

내 육신의 아버지는
어린 나를 두고 떠났지만
내 영적 아버지는
지금도 나를 보듬어 주신다
아무리 엇나가는
방탕아라도 기다리고 계신다
내 인생 나무에
내 아버지 기뻐하실 열매 하나 맺지 못하는 것을
아직도 기다리고 기다리심으로
나는
겨우
부끄러운 눈물 쏟아내며
통곡하는 게 전부다

아버지라는 그 이름
어찌할꼬 그 이름.

안되니까 골프다

휘청거리는 바람 불어
골프를 시작했다
그냥 푸른 그린 밟고 서서 싱그런 햇살
부둥켜안고 그깟 조그만 공 하나
똑똑 치면 되는 것을
뭐 그리 호들갑을 떨고 야단법석을 해 댈까 했다

거기에 심오한 인생이 있음을
애초에 몰랐다
생각대로 안 되는 게
세월은 늘 안 되는 것만 묻어 있는 건지
그래서 더 외롭고 안타까웠는지 모르겠다

거칠 것 없이,
마음먹은 대로 술술 풀린다면 또 어쩔뻔 했을까
답답하고 느슨해져서 오히려
맥없이 주저앉았을지도 모르겠다

골프가 그리 풀리지 않는 인생처럼
생각대로 안 된다

어디로 날아갈지
페어웨이가 저쪽인데
엉뚱한 곳으로 떨어뜨리는 후회를
반복하는 어리석음을 뉘라 알랴
내 맘과는 달리
날려 보내는 속절을 어이 달래려 하는가
수없이 되풀이되는 아쉬움과 설렘을
그깟 조그만 공 하나에 걸고
손바닥 넓이도 안 되는 홀에 못 넣어서
우는 슬픈 날들이여

움츠러들고 숨고 싶은 날들을
깃털처럼 잊으려고
몰래 괴로워했던 인생을
아!
아무리 해도 안 되는 게 골프다
그린 위에서 인생을 펼친다

그래, 안되니까 골프다
작은 세월이다.

엄마가 보고 싶어 울었다

아무렇게나 옷을 걸치고서 나를 향해 걸어오다
엄마다!
내 곁을 떠난 지 20년도 넘었는데
환한 얼굴로 다가온다
나는 그 품에서 마냥, 마냥 울었다
엄마 보고 싶었어
나 좀 도와줘
무섭고 외로워!
모두가 나를 억울하게 해
너무나 억울해
왜 나만 갖고 들들 볶아
괴롭고 슬퍼
주위를 돌아봐도 내 편은 하나도 없어
모두가 나를 향해 총을 겨누고 있는 것 같아
엄마, 엄마
이렇게 목놓아 우는 소리 들려?
나도 할머니가 됐는데
엄마한텐 아직 난 어린아이야
39세에 나를 낳고 바로 그해에 아빠를 잃은 엄마
6남매를 홀로 기르느라

나를 맘껏 껴안아 주지도 못했지
난 그냥 나 혼자 큰 거지
흙도 주워 먹고 늘 배고파 울었지
천형을 지닌 딸이 온갖
서러움을 받을 때
엄마와 나는 죄인 인양 숨었지
눈물도 사치가 되어 울지도 못했어
그 자취로 나는
올바른 취급을 받지 못했어
억울한 채 그게 습관이 되어
밤길 비단옷 입은 형태로
늘 익숙해 갔지.
엄마
괴롭고 슬픈 나는
외로운 것도 익숙해
소리 내어 꺽꺽 울부짖으니
엄마의 손등이
나를 토닥여 주네
엄마가 보고 싶어.

여림에 대하여

거친 세월을 마주쳐 살면서
어릴 때부터 흙을 주워 먹으며 배고픔을 견뎠다든가
아니면
한창 수줍은 이슬 같은 나이에
누군가 등 뒤에
이상한 글귀를 철퍼덕 붙여 놓은 것도 모르고
이곳저곳 휘돌아다니다가
항상 그렇듯이
힐끗힐끗 쳐다보며 비웃는 듯 웃는 듯
수군수군 대는 저항을 의례히
그러려니 받아들여야 하는 것에 익숙해 있다가
누군가 등 뒤에 팻말을 불쌍한 눈빛으로 지우던
따뜻한 손길을 기억하면서
그 많은 아픔과 생채기를
마음에 비수로 꽂고
그러나
저 깊은 곳에선
가여운 샘물 같은 것이 고여 있다가
연꽃처럼 고개 내밀고
여린 우물 한편을

수채화로 물들인 노을 같은 심성이
도사리고 있었다
순한 연잎처럼 가냘픈 언어가
가슴을 박하사탕으로 덮어가고
속에서 뿜어 나오는 여림의 아름다운 것이
거친 세월을 뒤엎고도 남았다
눈물을 삼키는 아픔으로
이제는 옛 잃어버린 조각 한움큼 되어
아스라한 기억 밖에서
초연하게 웃는 여림을 껴안고서.

옛 기억

아주 먼 기억 속의 나는
눈물범벅이 되었을 그때를
떠올리게 된다
이제 겨우 돌 지났을
무렵부터
딱히
기억 주머니 속엔 없지만
얼마나 참혹했을까를
생각하게 된다
배고파 울 때
그 어린아이 딸꾹딸꾹
숨 넘어 가듯
처참히 울 때
아!
누구라 달려와서 목을
축여주었나
주위엔 아무도 없고
홀로 아이는
눈물로 흙을 버무려
먹어야 했단다

까르륵 잠자다 울다 하루가
저물면
엄마가 허겁지겁 장터에서 돌아와
갱죽에 밥 말아 먹이는
것으로
그제야 하루를
후히 보내고
다음날은 똑같이
그런 날이 오고 있고
아이는
거절하는 법을 몰라
우는 법만, 배웠다
하루하루 산다는 것이
고행이라는 것을
일찌감치 터득한
옛 기억은
그것이 첫 기억으로
가는 데는 그리
멀지 않았다

사랑과 보호와 배려와
관심과 존중 따위가
아이를
외면하는 것만 보아도
그
옛 기억은 자아를
춤추게 한다
부끄러움으로……
항상
무언가로 채워지지 않는
허기는
그때 배고파 울던
옛 기억의
탯줄이 아닐까?

왜 그랬을까

쫓기듯 살다 보니 황당한 일상이다
해 놓은 구석 없이 바쁜 것은 아닌데 바쁘다
이제 갓 돌 지난 아이는
어디서든 꽃만 보면 황급히 코에 대고 향기를 맡는다
아직 세상을
그리고 세월을 모르는 즈음에
꽃향기는 어쩜 세상 냄새일 것라고
굳게 믿고 있을 그녀에게
차마 입을 뗄 수 없어 아릿하다

살아보니 왜 그랬을까
후회도 연민도 주렁주렁 엉경퀴를 이루는데
다시 돌이키지 못하고
동그마니 홀로 그림자 드리우고
부끄러움에 숨고 싶은 자아를
드러내 놓고 이렇다 할 발자국 들킬 것 같아
속절없이 두렵기만 하다

왜 그랬을까
아이가 꽃향내 맡으며 행복할 때

나는 왜 말을 못 해줄까
향기는 다만 꽃이 피기까지 바람에
흔들리고 모진 겨울 폭풍을 가슴으로 참아 냈기에
눈물로 모든 수액을 걸어 내기 힘들어
향기를 대신 내뿜는 거라고
아이가 아직 무슨 꽃이 피었건
땅속에 피어 올리는 꽃이라도
온몸을 던져 기어이 향기를
마시는 저 모습은
차마 아서라
눈물의 서사시를
읊을 수 없다

아이는 왜 그랬을까
꽃이 무엇이기에 그토록
향기를 맡으려
이제 걸음마 겨우 내디디며 저리도
반길까
세상에 모르는 일이 하 많으니
아직 그 아이에게 물을 수 없다

세월이 지난 후 그때는
이미 세상이 그리 향기롭지 않다는 걸
안 그즈음일 것이기에
그때
무엇으로 말을 해야 할지
지금부터 꽃향기 말고
사람에게도
향이 있다는 걸
말하려 준비해야겠다

왜 그랬을까

꽃!
그 향기를 맡으려
버거운 걸음으로 달려가는
저 뒷모습은……

외롭고 연약한 당신에게

기도하지 않고는 그 많은
아픔과 혼돈을
어찌 풀어낼 수 있을까
고뇌하며 눈물 흘리는 그대
그러므로 더욱
무릎 꿇어 애절한 마음
다 토해내도 시원치 않음을
그냥
아무 일도 아닌 듯
흘려보내기엔
눈앞에 펼쳐지는
어둠의 세력들이
시시각각 날을 세우고
하이에나처럼 덤벼드는
암묵의 사각지대
어찌 헤쳐갈까

굴복하지 않으려
주님의 오른팔을 의지하는
그대여

겨우 실낱같은 희망을
붙든 채
좌절과 배신이 난무하는
지뢰밭을
오늘도
걸을 수밖에 없는 그대여
눈과 귀가 있어도
없는 듯 있는 듯
안으로 안으로
오로지 주님의 발아래에서
오열하고 있는 그대여
마음껏
활개 치며 포효해도 좋을
자질과 능력도
그 무거운 세력들에
사로잡혀
펼치지도 못하고
자아를 숙이며
낮아지기만을
애써

힘에 겨운 나날들을

바람결에 나부끼는
갈잎 같은 그대여
눈물로 씻고 밤새 기도해도
아!
이 숙제는
활활 타오르는
불기둥같이 거세기만 한데
외롭고 연약한 그대여
더욱더 강한 하나님의 팔이
그대를 강하게 붙드시고
꿈이 꺾이지 않는 그 날을
바라보며
아!
부디 소신 꺾지 않고
담대히 담대히
하나님이 하신 일을
적어 가소서.

카톡이여!

(자! 야, 노올자)
어릴 때 밖에서 나를
부를 때처럼
반가운 소리
카톡
살아있음에 부르는
정겨운 소리 카톡
누가 만들었을까
날마다 설렌다
사랑의 소리
마음의 소리
미세한 공기를 타고
멀리서도 날아오는
향기로운 그 소리
카톡
누군가 혹시
싫다는 사람도
깊은 내면을
들여다본 적이 없어서 인가

나름
그 위로의 문자 하나
해방된 그날에 비길까

오늘도 난
카톡 울리는 소리로
하루를 열어 본다
기쁨과 감격과
소중한 나의 벗으로
움직인다
행여나 남의 글
대신 올려도 보지만
그럴 때마다
내 마음도 같이 얹어 보낸다
그 사랑의 소리 환희의 소리
벅찬 희망의 소리를
외면하고 싶지 않다
만약, 만약
나의 몸이 아플 적에
응원의 소리 하나

문자로 받으면

아프고 괴로웠던 세포도

힘차게 일어나

춤추지 않을까

나를 부른 카톡의 향기가

내 인생을 영글게 하는

풍요로

물들이지 않을까?

웃는 날 만큼 좋은 게 없다

인생의 붓을 들고
고요히
나를 돌아볼 때가 있다
무엇인가
화폭에 그림을 담아야
하는데
먼저 벅차고 설레기까지 한다
거기엔 슬픈 행복도
눈부신 고독도
방황의 몸부림도
기쁜 눈물도
허탈한 웃음도
남김없이 다
그려 넣어야 하는데
무엇으로
그 무엇으로 드라마를
채워야 하는지
마치 한 편의 파노라마 같은
인생 골짜기를 건너와
유유히 내 화폭을

바라보노라니
펼쳐진 드넓은 공간엔
수없는 언어들이 침묵한 채
눈물로
나를
올려다본다
거기엔 대화 없는 교감이
나와 나를 이어주고 있다
웃음으로 마주하는 것이
인생 최고의 승리임에랴
웃으면 또 웃을 일이
곧 오리라는 희망 하나
붙들고.

하늘엔 CCTV 땅엔 블랙박스

침묵하며 살게 하소서
할 말이 있어도
그냥 속에서 머무르게
하소서
행여나
옆과 앞뒤 어느 곳에서든
숨소리 하나만 들려도
갑자기
엉뚱한 말의 주인공이
되지 않게 하소서
진실한 말만 하게 하시고
그것이 오히려
거짓된 것으로
둔갑하지 않게 하소서
'예'는 '예'
'아니오'는 '아니오'라고
말하게 하소서
그러나
침묵하게 하소서
항상 침묵하게 하소서

낮말은 새가 듣고
밤말은 쥐가 듣는다는 걸
잊지 않게 하시고
하늘에도 땅에도
동시 녹화가
가동 중이라는 걸
깨닫게 하소서
행여나
진실한 말을 했더라도
어떤 사람에겐 거짓말로
흘러갈 때가 있다는 걸
눈치채게 하소서
오! 곤고한 자여!
그러나 다만
하나님께만
이러니저러니
주저리주저리
웃다 울다 말하다가 미친 듯
춤추다 쓰러지게
하소서.

타마레

아침마다 여운을 감고 들려오는 소리
9시만 되면 어김없이 목청을 돋우고
애잔하고도 무거운 담금질이 시작된다

얼마나 오랫동안 외쳐 왔는지
그 목소리에 윤기가 돈다
마치 깊고 깊은 심연에서
가뭄을 퍼 올리듯
거문고 현을 가르는 듯한,

그녀의 목청은
몇 블록에 여운을 떨어트리고도
구름 조각을 타고 하늘로 올라간다

'타마레'

아마도 뭔가를 사 먹으라는
외침이겠지
나는 아직 보지 못했다
이국의 색다른 그들만의 반가운 손님인지는,

나의 유년 시절
겨울밤 삭풍 소리 들리던
그렇게도 먹고 싶었던,
'찹싸알 떠억, 메미일 무욱' 쯤 되는지는,

그것이라면
지금 백 개도
더 사 먹을 것 같은

저 울림은.

인생 후반기

서글프게도 노을이 아름답다고 우기는
노년 시대에 들어서다
굳이
운동 경기처럼 전반 후반을
나눌 수는 없지만
인생은 참 알 수 없는 수수께끼
같은 것
지나간 날들은 슬픔 반 기쁨 반이었다
설핏
마음에 잦아드는 여백을
채우려다 느닷없이 달려드는
폭풍도 맞았지
돌아보면 회한, 한 줌
후회 한가락
그 외 이름 모를 된서리들
온몸으로 울다가
혼자라는 이름으로 섬이
되었지
그래도 아름다운 노을은
항상

그렇게 미소 짓고 있다가
내게 말한다
인생 후반기가 진실로
눈부시고 아름다운 거라고

누가 말했던가
착각은 자유라고
그러나 그 착각 속에서
나 혼자
망연히 웃고 싶다.

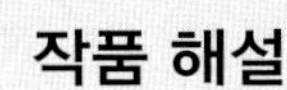

작품 해설

그리움 저편을 향해 손짓하는 그 하나 생명의 노래

-장정자 시인의 두 번째 시집《한사코 꽃은 피고》에 붙여서

이충재(시인, 문학평론가)

그리움 저편을 향해 손짓하는 그 하나 생명의 노래

-장정자 시인의 두 번째 시집《한사코 꽃은 피고》에 붙여서

이충재(시인, 문학평론가)

1. 시인과의 만남을 통한 행복의 노래

참으로 무덥다. 이런 날이면 바람이 말을 걸어오는 것인지, 나무가 바람을 달래며 마실 오라며 재촉하여 먼 이국의 숲속 사연을 엿듣고자 의도함인지 자꾸만 나무 그늘에 앉아서 모든 사유의 종소리에 귀 기울이고 싶다는 생각이 절로 나는 계절의 중심을 지나 우리는 소망을 품고 내일을 향하여 길 나서고 있다.

분명 작은 별 지구는 코로나 19라는 생각지도 않았던 바이러스의 악영향을 탓하며 언급하지 않아도 계절의 경계가 허물어지고, 예상치 못했던 이상기온으로 인해 피조물로서의 자연이 고사당하는 심각한 병을 앓고 있다는 생각을 지울 수 없는 사이, 사람들도 덩달아서 영혼의 극심한 병 앓이를 거듭하고 있다. 자연 생태의 일원인 꽃과 풀과 나무와 온갖 식물과 곤충과

동물들이 심각한 병을 앓게 됨은 또한 인간세계에 치명적인 화를 불러온다는 것쯤은 기초학문에 대한 사람들이라면 다 알고 있는 바다. 그런데도 자본주의가 내세우고 있는 가장 무서운 대적물인 맘몬 우상에 철저하게 제압당한 인류는 이를 대항할 의지와 방법을 잃고 고장 난 브레이크를 장착한 버스에 승선한 무지한 여행객들처럼 춤추며 노래하며 자본주의가 낳은 결과물로서의 영적 가무(歌舞)에 푹 절어 위험천만한 삶의 중심에 서 있다.

이러한 시대를 향해 장정자 시인은 충분히 진단하고도 남음이 있는 만큼의 충분히 영적이고도 시적인 순수함을 지닌 채 삶을 살아오고 계시다는 그 느낌을 이번 작품을 통해서 직감할 수 있어서 좋다. 필자가 안면 무지의 시인을 만나게 될 때면 행복하고 감사한 이유가 하나 있다. 바로 정현종 시인의 아래의 시 〈방문객〉 속의 사연과 일맥상통(一脈相通)한 부분이기도 하다.

사람이 온다는 건 / 실은 어마어마한 일이다. / 그는 / 그의 과거와 / 현재와 / 그리고 / 그의 미래와 함께 오기 때문이다. / 한 사람의 일생이 오기 때문이다. / 부서지기 쉬운 / 그래서 부서지기도 했을 / 마음이 오는 것이다 - 그 갈피를 / 아마 바람은 더듬어볼 수 있을 / 마음, / 내 마음이 그런 바람을 흉내 낸다면 / 필경 환대가 될 것이다.

사람들과의 관계성으로부터 받은 지울 수 없는 상처로 인해 일생 힘겹게 살아가는 일도 있겠지만 지금까지 발견하지 못한 위안과 기쁨과 행복을 경험할 수 있는 것도 역시 사람이 있기 때문이다. 그래서 사람을 만난다는 것은 즐겁고 호기심 가득한 기대심이 크다고 할 수 있다. 장정자 시인의 경우도 이와 같은 맥락에서 보면, 참으로 반가운 손님이며, 동시에 방문객이고 필자 또한 시인에게는 같은 이웃으로서의 형제요 자매가 될 것이다. 그래서 시를 읽고 함께 시를 놓고 소통하는 것은 데이빗 소로우와 랄프왈도 에머슨과의 생애만큼이나 행복한 일이 아닐 수 없다.

장정자 시인은 미국(LA) 생활을 오래 하신 시인으로 알고 있다. 아무리 먼 이국땅에 발을 딛고 살아가신다고 해도 소통의 다리는 그렇게 길지도 험난하지도 않은 것이 21세기 문명의 편리함 때문이라고 말들 하겠지만, 시문학을 통한 소통의 진실을 알게 되는 문학인들과 영성을 겸하여 삶을 데코(리모델링) 할 줄 아는 공동체 일원들은 단순히 문명의 결과물이라고만 할 수 없는 인류의 창조자 성령 하나님의 관계하심이 있었음에 가능한 것이라고 할 수 있다. 그리고 그 주변의 울타리 역할을 한 건강한 문학인의 정신이 있었기에 가능했다고 보인다. 이 작품집의 배경이 바로 하나님 그 한 분의 돌보심과 인도하심으로부터 온 것임을 시인의 말("나를 여기까지 오게 하신 하나님을 만나는 시간이다. 나의 나 됨이 내가 아니라 하나님이심을 절규하는 바울의 소리가 나의 내면에서도 울려 퍼진다. 얼마나 많이 넘어졌는지, 얼마나 많이 괴로워했는지 눈물이 지나가는 자리마다 하나님의 발자국도 같이 서렸다")을 통해서 알 수 있다.

장정자 시인의 시 세계는 김현승 시인의 기독 정신에 가 닿고 있음을 발견할 수 있어서 좋다. 이렇듯 그 문학 정신이 어디에 가 닿아 있는가에 따라서 시 독자가 자연스럽게 형성되기도 하고 소멸하는 혹은 한쪽으로 편중되는 결과를 낳는다고도 할 수 있겠으나 장정자 시인의 작품 세계를 볼 때, 전 방위적으로 적 독자 형성이 충분히 가능한 그리움과 감성이 빚어낸 서정성이 뛰어난 작품들로 구성되어 있다고 할 수 있다. 다시 말하면 미국 생활을 오래 하였으므로 오는 서구적 마인드 구축이 아닌 여전히 한민족의 서정성이 고스란히 매 시편들마다 스며 있어서 좋다.

박이도 교수는 시인들을 일컬어 다음과 같이 말을 건네고 있다. "세상에서 가장 자유로운 직업이 시인이 아닐까. 생업 수단이 안 되니까 직업이라고 하기는 좀 뭣하지만 어떤 대상에 집중하고 몰입한다는 차원에서는 직업적 책임감을 넘는 고도의 정신작업임엔 틀림없다. 문학은 언어가 수단이다. 자신이 쓰고 있는 모국어, 개개인이 알고 있는 어휘 수에 따라 문학 세계는 무궁무진하게 열려있다. 언어는 실용적 기능이나 학문적 연구 성과를 기록해 다음 세대로 넘겨주는 문명사적 의의가 있다. 그뿐 아니라 정서적 철학적 종교적 차원으로 승화시켜 지구적인 가시(可視)의 시공(時空)을 넘는 우주적 초월(超越)의 세계로까지 확장해가는 마법의 기호가 된다. 모든 예술 장르의 텍스트는 문학의 언어에서 비롯된다. 문학의 언어는 오늘날 문명인의 창조적 활용이 가능한 다양한 기호화, 이를 체계적으로 활용할 때 역동적이고 광대한 창조적 세계로 진입할 수 있었기 때문이다."

장정자 시인의 언어 구사력과 시문학을 대하는 태도의 진정성에 이르기까지 어느 것 하나 깊이가 없는 것이 아닌 시인 자신의 삶의 역사 속에서 맞닥뜨린 여백과 공간의 중심에서의 소용돌이치면서 경험했던 수많은 현상을 시 한 편 한 편에 담아내 후손들에게 바통 체인지를 기대하는 의미로 창작되어 졌다고 보인다. 그 시의 세계로 들어가 보기로 하자.

2. 시의 숲을 거닐어 사유의 열매를 맛보며

박이도 교수는 문학 세계를 이야기하면서 다음과 같이 덧붙이고 있다. "시인 나는 누구인가? 자문해 볼 수밖에 없다. 자신의 정체성을 찾는 것은 자의식의 발로이다. 헤겔은 자의식이란 가장 단순한 '욕망'의 상태라고 했다. 자기 과시나 자기 정체성을 절대화하려는 적극적인 욕심인 것이다. 이것이 심화되면 자의식 과잉상태가 된다."

장정자 시인의 매 시편을 통해서 시인의 정체성을 발견하기에 족한 흔적들이 고스란히 시의 옷을 입고 독자인 우리 모두를 마중하고 있다는 측면서 시의 숲을 거닐어 사유의 열매를 수확하기에 족할 것이다. 특히 한민족의 일원으로서 타국 생활의 터

전에서 각기 다른 문화, 언어, 생활방식, 사상의 다양성 그리고 그 삶의 언저리를 떠도는 인종의 변별성 뒤에 가리어진 현상들을 경험하면서 느끼고 깨닫고 발견하였을 인생이란 카테고리를 재료 삼아 시를 창작하였다는 측면에서 우리는 모두 장정자 시인의 작품에 관심을 둠이 마땅하다.

고요한
자아는 무엇에
그리 쫓기는지
괴롬과 슬픔의
깊은 늪에서
허우적이다가
그 누군가의 손에 이끌리어
여기까지 왔는가?

나는
하나님을
덥석 움켜쥐고
울 수밖에 없다!

외로워서 슬퍼서
기댈 데가 없어서
허둥대는

아! 5월의 슬프고 아름다운
사랑 이야기.
-<5월 이야기> 부분

대한민국 사람들에게 있어서 5월은 크게 두 가지의 의미의 전설 속에 묻히기 마련이다. 그 하나는 가정의 달로서의 '어린이날'과 '어버이날','스승의 날'이 있는가 하면 잊을 수 없는 역사적 의미의 광주항쟁이란 잊지 못할 아픔의 날도 있다. 아무튼 이달은 언제부터인가 슬픔과 진위를 밝히고 알아야 할 울분으로 장밋빛 붉은 하늘을 더욱더 붉게 만드는 역사적 분노의 달로서의 현대사 하루하루가 내포되어 있음을 우리는 잘 알고 있다.

위의 시에서 시인은 분명히 5월의 의미를 설명하고는 있지 않으나 자아의 쫓김으로 인하여 괴롬과 슬픔의 깊은 늪을 경험하고 있음을 고백하고 있다. 그리고 그 동문에서 그 누군가의 손에 이끌리어 여기까지 왔는가? 자아가 또 다른 자아에게 그리고 자신 안의 여린 자아에게 경청과 되물음을 던지고 있다. 이는 가장 슬픈 그리고 가장 힘들고 역동적이었던 삶에 직면하지 않아본 사람들은 간접적으로도 기억할 수 없는 순전히 개인의 주관적 역사인 경험으로부터 오는 것이다. 그래서 더욱 궁금해지기 시작한다. 그러나 이 모든 전철이 어찌 되었든 간에 시인의 삶의 절정을 해피("나는 / 하나님을 / 부여잡고 / 울 수밖에 없다!") 하게 마무리하고 있음을 본다. 그래서 시인에게는 어떤 모양으로든 5월은 슬프고도 아름다운 사랑 이야기로 오래도록 기억될 것이다. 그 사랑 이야기가 시인의 삶의 일생 마중물이 되어서 의미 있고 가치 있는 행복한 순간순간들이 되기를 바라는 의미이기도 하다.

떨어진 자존감 하나
몰래 감추고 싶어
지나간 상처 모두 쓸어 담고
가을 향기에
날려 보내고 싶다
가을 냄새는 내 안의 간절한
목마름 하나 부여잡고
견디는 나의 숨소리인가
-<가을 냄새> 부분

우리가 보건대 디아스포라 인생을 살아가는 이들이든, 실향의 아픔을 지닌 삶이든 또는 이유를 모르는 또 다른 까닭을 안고 고국을 떠나 이국적 삶을 살아가는 수많은 동포를 기억할 때가 많다. 그런데 그들의 아픔과 고독은 마치 김현승 시인의 고독과도 일맥상통하다. 김현승 시인의 고독과 전혀 무관하지 않다는 의미이다. 하나님을 믿고 살아가되 결코 하나님의 속성에서 멀어지고만 싶었던 시인의 삶이 빚어낸 아픔과 처절한 육체적 질병과의 반갑지 않은 접촉으로 인하여 다시 하나님 품으로 돌아와 〈가을의 기도〉를 써야만 했던 김현승의 시 세계와 장정자 시인의 타국에서의 이질적인 문화와 맞닥뜨림으로써 경험했을 숱한 사건 사고로 인한 영혼의 상처를 비교하여 본다면 결코 무관하지 않음을 발견하게 된다.

이 시가 씌어지게 된 배경은 독자로서는 알 수 없겠지만, 아마도 시인이 가을을 노래한 까닭은 시인의 세월이 그렇고, 타국과 고국에서의 먼 거리를 두고 느꼈을 심사가 또한 그렇고, 몸과 영혼의 건강 상태와 심적 부담감 역시 시인을 그냥 놔두지는 않은 듯 보인다. 그 심사가 〈가을 냄새〉의 중심을 강타하고 있음이다. 단순 자존심이 아닌 자존감의 흔들리고 떨어지는 삶을 경험하였을 때, 시인은 그 누구를 원망하거나 절망 속에서 자신의 삶을 외면하지 않고 이 한 편의 시를 통해서 스스로가 삶을 극복해 내는 저력을 보여주고 있어서 좋다. 이와 같은 인고의 세월이 있었기에 시문학("때로 누군가를 의지하고 싶을 때 나는 고요히 시를 붙잡는다. 묵상의 시간이다"- 시인의 말)을 통해서 후손들과 타국에서 힘겨워하며 공존하는 수많은 교민에게 의미와 힘을 부여해 주기에 필요충분조건을 모두 갖추고 있다. 이것이 바로 시가 지닌 인문학적 내적 힘인 것이다.

바람결에 흐르는 구름이
저리 예쁜 것도
그간
잊고 살았다

솜사탕처럼
구름도 웃는다는 것을
모르고 살았다
-<날씨가 예쁘다> 부분

유독 장정자 시인의 작품에는 계절성을 띤 작품들이 제법 눈에 띈다. 시인이 맞이하는 세월의 탓일까? 분명 그것만은 아니리라. 시인의 정신, 시인의 감성, 피조세계로서의 최대 안식 공간인 자연의 가치와 필요성을 시인은 그 누구보다도 가장 사실적으로 그리고 중요성이란 인지의 영역을 통해서 느끼고 있기 때문이다. 그 계절과 날씨를 노래하고 있는 시인의 작품 중 가장 백미로 꼽는 것이 바로 위의 시 중 1연에 해당하는 부분이라고 할 수 있다. 위의 시에서 시인의 계절 감성의 절정이 고스란히 그려져 있어서 현재 시인의 영성을 위시하여 인성과 감성을 다 누리는 평안의 절대성이 발견되어 진다고 할 수 있다.

이 시대 사람들은 분주하다. 분주하다 못해서 자신의 정체성은 물론 인간의 가치와 절대자로서의 하나님의 존재성과 인류의 처음과 끝, 우리가 어디에서 와서 어디로 가는지조차 알지를 못할 뿐 아니라 그 방향을 지닌 이정표를 묻는 영혼의 질문을 멈추고 영혼의 소경 된 자로서의 삶의 수렁에 빠져 허덕이고 있음을 본다. 그러나 장정자 시인은 그들 틈에서 위대한 발견을 한다. 그것이 바로 이 고백에서 ("바람결에 흐르는 구름이 / 저리도 예쁘다")의 발견이다. 이는 단순히 하늘의 구름이 아름답다는 피상적 응답이 아니라. 시인이 경험한 전 / 후의 삶이 그렇고, 보이지 않는 영혼의 세계의 판단력이 불러온 내세적 삶이 만들어낸 경계의 확실성을 드러내는 자기의 고백이며 또한 영적 확신에서 연유된 것임을 기억할 수 있다. 그러므로 인해 이후의 세속적 삶의 부수적인 산물의 중요성은 전혀 찾아볼 수 없음을 고백하고 있는 신앙고백과 깊은 연관성을 낳고 있다는 측면에서의 위대한 발견이 아닐 수 없다.

나는 왜
한숨만 쉬고
속으로 삭여야 하나
하!
나는 왜 안으로
속울음을 울어야 하나
독살같이
너는 왜 그렇게 말하는지
묻지 못하는 나는
바보에 가깝다
그런데, 그런데
어느 날 하나님은
나를 불러 세우더니
괜찮아, 괜찮아라고
내 등을 토닥인다

네가

이럴 때

죽으라고

잠잠하라고

나를 빚으셨단다

-<괜찮아, 괜찮아> 부분

이 땅에는 수많은 사람이 예수 그리스도를 믿고 있으며, 자칭 하나님께 은혜받은 자로서의 거룩한 망명자 적 삶을 자청하고 있다. 그런데도 지구는 인류애, 자연환경, 문화, 인간적으로 심각한 변질상태가 농도 짙게 세속화되어가고 있음을 부인할 수가 없다. 세상과 타협하여 맘몬 우상 뒤에 하나님을 세워두고도 부끄러움과 죄의식마저 잊고들 살아가며, 성령 하나님의 낯빛을 피하여 사단과 협상하면서도 부끄러움을 모르고들 살아가고 있다. 그뿐만 아니라 하나님을 대적하려는 보이지 않은 사단의 족속들이 칼을 빼 들고 예배당을 자유자재로 드나들며 순수 신앙인들을 협박하거나 상처를 주고 있으며, 그 예배당 안에서 권력과 물질과 힘과 지식과 세속적 습성을 자랑하며 그 지배력을 발휘하여 예배당을 온통 사단의 흉정이나 농단의 공간으로 변질시키고 있다.

위의 시에서 장정자 시인의 순수 신앙의 정체성을 그대로 발견할 수가 있다. 세속화되어가는 예배당과 그 아류들과의 관계성에서 스스로가 바보가 되어 속으로 목울음 울어 예는 시인을 향한 예수 그리스도의 위로 메시지 "괜찮아, 괜찮아", "죽으라고 / 잠잠 하라고 / 나를 빚으셨다" 그 하나님이 시인의 등을 토닥이며 위로의 메시지를 주시는 이 광경을 회상하면서 장정자 시인이야말로 순수 신앙인임을 확증할 수 있어서 좋다. 또한 하나님의 사랑과 은혜를 몸소 받고 행함으로써 당하는 슬픔과 아픔과 고독과 억울을 친히 지워내는 기도의 사람, 하나님 앞에서의 순종의 삶을 살아내시는 시인임과 동시에 기도의 여인 룻과 라헬과 한나의 삶을 살아드리고 있는 천상 그리스도인이자 시인임을 보여주고 그 신앙고백의 시들을 통해서 성령 하나님의 증인으로 살아 주시고 계셔서 참으로 아름답다.

아직

마음에 숨어있는 쓰디쓴
기억이
슬픔 반 눈물 반이라고

햇살 드리운 기억을
찾아
아름다운 길을 가고 싶으나
켜켜이 쌓여있는
내 유년의 기억

-<기억이 걸어온다> 부분

사람 누구나 늙지 않을 사람이 있겠는가? 사람 누구나 마음과 몸 상하지 않을 사람 있겠는가? 사람 누구나 곤함을 피해 갈 자신 있는 삶 살아드릴 수 있겠는가? 사람 누구나 세월의 무게를 짊어진 채 변하지 않고 영원한 세상의 문턱에서 선택적(물론 그리스도를 구주로 시인하고 살아가는 신앙인의 내세적 삶을 살아가는 이들의 본향 티켓을 부여받은 사람들은 제외하고…) 고뇌를 하지 않을 사람 있겠는가? 사람 누구나 감성과 회상의 순수성이 담긴 인생을 살아오기 마련이다. 다만 찌든 감성과 이성으로 인하여 망각의 무딘 삶을 살다가 임계점에 이르게 된 사람들도 적지 않음이 사실이다. 그러나 대부분의 건강한 영혼을 가지고 살아온 이들은 수시로 자신의 삶의 여정을 돌아보면서 건강한 행보를 이어가기 위해서 때로는 선택적 기로에서 고뇌를 거듭하기 마련이다. 장정자 시인 역시 자신의 현세적 삶의 경계 지점에서 유년의 삶과 오늘의 삶을 오버랩하여 반추하면서 그 어느 때보다도 더욱 소중하게 남아 있는 자신의 삶을 잘 살아드리기 위해서 애쓰는 그 경건성과 겸손이 위의 시에 그대로 투영되어 있어서 뭇사람들의 귀감이 되고도 남는다.

아이들이 어느새 커서
내 곁을 떠날 때
그때는

그가 쓰던 방이나 온갖
손길들이
빈 둥지 증후군으로 다가와
마음을 서성이게 한다

요즈음 나는
이름 모를 새의 빈 둥지를 보고
그때를 떠올리며
마음이 스산하다
-<빈 둥지 증후군> 부분

위의 시를 읽다가 시인의 존재론적 고뇌가 가장 잘 담긴 작품으로 평가하고 싶다는 생각이 들었다. 한 사람의 어머니로서의 생애 끝은 어떤 의미, 어떤 환경의 상태로 남게 될 것인가에 대한 의문이 갑자기 밀려오기 시작했다. 비록 시인이 애써 자신의 가정적 삶을 알과 새의 비유를 들어 설명하고 있기는 하지만 결국 남의 일일 수 없는 인간적 어머니로서의 시인의 심사가 그대로 숨겨져 있음을 누구인들 부인할 수가 있겠는가? 필자는 위의 시에서 단순히 자식들을 출가시키고 난 이후의 삶을 넘어서 부모로서의 자신의 빈자리를 바라보는 자식들의 눈시울과 마음의 울림을 또한 연상하기도 했다. 곧 이것이 인생이자 삶이려니 생각하고 보니 한 편으로는 가슴 먹먹하기도 하고 또 한편으로는 살아낼 마음의 여유가 일기도 한다. 우리 인간은 이렇게 빈 둥지 증후군(症候群)을 심하게 앓기도 하지만 동시에 극복한 내성을 스스로 길러가면서 삶을 이어간다는 점에서 동식물과는 다른 의미론적 삶을 살아가는 이유가 되기도 한다. 동시에 신적 존재를 찾아 하나님 앞에 나와 구하고 또 구하고, 생산적 의미를 공급받으면서 일생을 살게 되는 것이다. 이쯤에서 시인의 현주소가 그대로 드러난다고 할 수 있으며, 여인으로서와 어머니로서의 동시성을 발견케 하는 존재론적 고뇌를 사유하게 하는 단서를 제공해 준다는 점에서 인간의 유한함을 동시에 경험케 하는 좋은 작품으로 분류하고 싶다. 이렇듯 건강한 가정환경을 만들어감이 신이 우리에게 내려주신 기초적인 복음의 생산 기지로서의 가정(가족)임도 아울러 잊지 않기를 바란다.

괜히
억울해서 슬퍼 울었지
목놓아 울어도 내 엄마는
속으로 울지언정
늘
담담했었다
마침내
슬픔도 껴안고
눈물도 세포막같이 내 일부가
된 후에야
난 비로소

자유로울 수 있었어
맘껏 울다 맘껏 슬퍼한다
세월은 어느새
여기까지 날 데리고 왔지
슬픔은 기쁨의 다른 말이라는
정답을
-<눈물도 말을 한다> 부분

위의 시를 읽다가 기발한 시인의 시상을 발견할 수가 있었다. 장정자 시인에게는 있고 다른 보편적 삶을 추종하는 사람들에게는 없는 아주 기발하고도 특이한 삶의 방식을 위에서 찾을 수가 있었다. 사람들은 누구나 슬픔 반 기쁨 반인 가방을 두 어깨에 짊어지고들 힘겹게 살아 들 간다. 그 짐의 무게에 짓눌려서 자신에게 주어진 생애를 다 살아드리지 못하고 중도 하차하여 사람들의 기억 속에 애증의 피조물로 낙인되어 버리는 사람들이 있는가 하면, 자신에게 주어진 생애를 경건과 성실과 여유와 인내로 잘 조율하여 하늘의 상급을 걸머지고 생애를 마감하는 이들도 제법 많다. 그 비결은 무엇인가? 그 방법론을 시인은 독자들에게 친밀하게 알려주고 있다. 그것이 바로 〈눈물도 빛을 만나면 반짝인다〉는 희망이 담긴 노래 시다. 눈물은 사람의 속성이 자아내는 산물임에는 틀림없다. 그러나 그 눈물이란 홍수에 떠내려갈 것인가? 아니면 그 눈물을 샘처럼 여겨 자신에게 임할 행복을 마중할 매개로 삼을 것인가는 순전히 중요 삶을 맞이하는 자신에게 달려 있음을 들려주고 있다. 그 비결은 무엇인가? 그 눈물을 빛 즉 소망, 내세적 삶의 두레박에 잘 담아 살아드릴 때, 그 축축하고 힘겨운 삶일지 모를 그 삶에 반짝반짝이게 될 그날이 온다는 가장 큰 절대적 소망의 메시지를 그려내고 있다. 누구인들 슬프지 않은 삶이 있겠는가. 그런데도 미래가 밝게 열릴 공간 그 지대로 내밀고 다가서는 영적 에너지가 필요하다는 것을 위의 시에서 읽어 낼 수 있어서 의미 있고 가치 있어서 좋다.

감성이
사그락 대는 낙엽같이
메말라
그 좋아하는 빗소리를
듣고도
먼 나라에서 들리는
태풍쯤으로
그다지 마음에 울림이 없다
변고가 왔으니
시를 찾아 자아를 둘러메고
떠나려 한다
-<시를 좇아 떠난다> 부분

위의 시는 또 다른 시 〈두레박으로 시를 퍼 올리다〉와 동시에

읽게 되면 시인의 시적 마인드와 열정을 충분히 가늠할 수 있게 된다. 누구나 시를 쓰고 읽고 싶어들 한다. 그리고 시집이란 둥지를 만들어 시의 또 다른 생애를 향한 태동을 알리기를 소망하기도 한다. 그러나 그 열정은 다 같은 것이 아니다. 미온적인 시인도 있고, 열정이 넘치는 시인도 있다. 타인을 의식한 이타적인 시인도 있고, 자신의 영혼의 울림으로 창작하고픈 순수 시인이 공존하기 마련이다. 그런데 유독 장정자 시인은 시인으로서의 열정이 위의 시 두 편에 그대로 드러난다는 점에서 참으로 훌륭한 시인이다.

그러니까 장정자 시인은 자신의 삶을 긴장감과 의미를 위해서 분명 선택적 결핍이 아닌 중요성을 발견하고, 그 발견 뒤에 찾아오게 될 결정적인 삶을 미리 알고 누리고픈 그 순수성이 바로 선택적 풍부에 이르게 하였다고도 볼 수 있다. 이는 분명 시인에게 있어서 그 누구도 경험하지 못하거나 않는 즐거움과 기쁨과 감사를 동시에 거머쥐게 하는 은혜의 삶임에는 틀림이 없다.

'시를 왜 써야 하는가? 그리고 시가 왜 읽혀야 하는가?'의 해답을 장정자 시인은 위 두 편의 시에서 이미 알려주고 있는 것이다. 시인이 타국에서의 외로움 내지 그리움을 동시에 경험하고 있음에도 불구하고 건강한 정신을 유지하고 감사의 생활, 기쁨과 행복의 여정을 누릴 수 있는 것은 신실한 신앙 외 또 하나의 비결이 있다면 단연코 시 짓기 즉, 시 창작으로부터 오는 시인의 풍성한 은혜의 삶이 있기에 가능한 것이다.

3. 시의 숲을 돌아 나와 다시 생애 여장을 고쳐 매고

지금까지 장정자 시인의 시 세계란 숲을 다녀왔다. 참으로 평안하고, 한 사람의 생애가 투영되어 진솔하게 읽힌다는 것은 어쩌면 그의 일생이 독자들에게 읽히는 절호의 기회를 낳는 시인의 배려가 깊기에 가능한 것이다.

용기 있는 결단이 아닐 수 없다. 어떤 사람들은 크고 깊은 생각 없이 시집을 출간하기에 이른다. 그리고 곳곳에 자랑삼아 출간 소식을 알리기도 한다. 그러나 우리가 생각할 것은 한사람 시인으로서의 삶이 시집에 고스란히 그려진다거나 애증의 실오라기 하나 숨김없이 드러날 수밖에 없다는 측면을 고려할 때면, 헤르만 헤세의 조언으로서의 시인의 책임을 언급하지 않더라도 성실히 그리고 충분히 아름다운 삶을 살아낸 시인의 자신감과 인고의 세월을 극복한 감사와 평안과 여유로 이루어진 삶의 수반이 절실하다고 할 수 있다.

그런 의미에서 볼 때 장정자 시인의 시를 통해서 가늠해 본 시인의 삶은 충분히 교훈적이며 감동과 사유의 결실을 맛보게 하기에 감성과 이성의 필요충분조건을 모두 갖추었다고 할 수 있다.

시인의 삶이 하나 가감 없이 드러나 시의 뼈가 되고 살이 되고 피가 되었다는 점에서 볼 때, 이 시집을 읽는 내 외국인 독자들 모두와 영적이고도 우주적 생활고에 시달리는 모든 사람을 향한 양분이 풍부하게 녹아 있는 위로의 메시지로 가득하다고 할 수 있다. 이 시들을 읽는 것 자체만으로도 위로가 된다.

셰퍼드 코미나스는 그의 저서 『나를 위로하는 글쓰기』에서 "위로가 필요한 시간, 자기만의 이야기를 써라. 다른 사람에게서 받는 잠깐의 위로보다 스스로 치유되는 기적을 만날 수 있다."고 전해주고 있다.

박목월 시인 역시 그의 에세이 『밤에 쓴 인생론』에서 시인들과 독자들을 향하여 들려주기를 "모든 문학이 그렇듯 시도 언어로써 이룩하는 예술이다. 그러므로 아무리 오묘한 꿈이나, 동경이나, 사상이나 느낌일지라도, 그것을 말로써 표현할 능력을 지니지 못한다면 이미 그는 언어로써 창조하는 능력이 없는 사람이다. 이것은 곧 시인이 아니라는 뜻이다. 그러니 이런 언어의 능력이란 말을 사랑하지 않는 자에게 베풀어지지 않는 것이다. 그러나 '말을 사랑하라' 뜻의 '말'이라는 것은 그야말로 '언어'만을 지적하는 것이 아니다. 말이 곧 우리의 생명이요 우리들의 사상이나 느낌을 구체적으로 표현하는 것이기 때문이다."

이 역시 시인은 다른 예술 장르를 대면하는 이들과 같지 않아서 시적인 삶을 충분히 그리고 잘 살아내는 사람에게만 부여되는 호명이란 점을 강조하는 것이다. 삶의 전체적 과정에 있어서 멋과 아름다움과 진실성과 정의와 공의를 기초하여 살아내지 못한 상태에서 시를 짓고, 그 시를 통하여 밥벌이 혹은 유희의 수단으로 삼는다고 해도 그는 순수 혹은 진정성과 정체성이 확고하고, 삶의 철학이나 인생관이 철저한 시인이라고 호명할 수 없는 까닭이다.

그런 점에서 볼 때 장정자 시인은 충분히 시인의 삶을 잘 살아오셨으며 또한 살아내고 있는 천상 그리스도인이요 시인임에 틀림없다.

다시 한 번 장정자 시인의 처음 고백을 회상해 보기로 하고 이 글을 마치려고 한다.

"때로 누군가를 의지하고 부여잡고 싶을 때 나는 고요히 시를 붙잡는다. 묵상의 시간이다. 얼마나 많이 넘어졌는지, 얼마나 많이 괴로워했는지 눈물이 지나가는 자리마다 하나님의 발자국도 같이 서렸다."

이 귀한 시집 출간을 축하드리면서, 장정자 시인의 이후의 삶이 시 쓰기와 하나님 앞에 드리는 향연과 삶을 통해서 더욱더 행복했으면 하고 기도를 드리고 이 글을 마치려고 한다. 귀한 시집을 충분히 오랜 시간 감상함으로써 정현종 시인의 시 〈방문객〉에서처럼 시인의 일생을 맞이할 수 있는 은혜의 시간으로 초대받을 것 같아 감사 또 감사를 드린다. 아무튼 이국적 생애를 맞고 있는 많은 동포 독자들에게 이 작은 시집이 큰 위로와 의미를 안겨드리는 하나님의 축복 양식이 되기를 기도드린다.